# 県立東桜学館・致道館中学校

## 〈収録内容〉

⬇ 便利な DL コンテンツは右の QR コードから

解答用紙　　過去年度　　問題は
紙面に掲載

⇒　

※データのダウンロードは 2025 年 3 月末日まで。
※データへのアクセスには、右記のパスワードの入力が必要となります。 ⇒　771496

# 本書の特長

## 実戦力がつく入試過去問題集

▶ 問題 …………… 実際の入試問題を見やすく再編集。

▶ 解答用紙 …… 実戦対応仕様で収録。

▶ 解答解説 …… 解答例は全問掲載。詳しくわかりやすい解説には、難易度の目安がわかる「基本・重要・やや難」の分類マークつき（下記参照）。各科末尾には合格へと導く「ワンポイントアドバイス」を配置。

---

### 入試に役立つ分類マーク ✏️

**基本** ▶ 確実な得点源！
受験生の90％以上が正解できるような基礎的、かつ平易な問題。
何度もくり返して学習し、ケアレスミスも防げるようにしておこう。

**重要** ▶ 受験生なら何としても正解したい！
入試では典型的な問題で、長年にわたり、多くの学校でよく出題される問題。
各単元の内容理解を深めるのにも役立てよう。

**やや難** ▶ これが解ければ合格に近づく！
受験生にとっては、かなり手ごたえのある問題。
合格者の正解率が低い場合もあるので、あきらめずにじっくりと取り組んでみよう。

---

## 合格への対策、実力錬成のための内容が充実

▶ 各科目の出題傾向の分析、最新年度の出題状況の確認で、入試対策を強化！

▶ その他、学校紹介、過去問の効果的な使い方など、学習意欲を高める要素が満載！

---

**解答用紙ダウンロード** 　解答用紙はプリントアウトしてご利用いただけます。弊社ＨＰの商品詳細ページよりダウンロードしてください。トビラのＱＲコードからアクセス可。

---

 **FONT** 　見やすく読みまちがえにくいユニバーサルデザインフォントを採用しています。

# ● ● ● 公立中高一貫校の
## 入学者選抜 ● ● ●

ここでは，全国の公立中高一貫校で実施されている入学者選抜の内容について，
その概要を紹介いたします。

　公立中高一貫校の入学者選抜の試験には，適性検査や作文の問題が出題されます。

　多くの学校では，「適性検査Ⅰ」として教科横断型の総合的な問題が，「適性検査Ⅱ」として作文が
出題されます。しかし，その他にも「適性検査」と「作文」に分かれている場合など，さまざまな形
式が存在します。

　出題形式が異なっていても，ほとんどの場合，教科横断的な総合問題(ここでは，これを「適性検
査」と呼びます)と，作文の両方が出題されています。

　それぞれに45分ほどの時間をかけていますが，そのほかに，適性検査がもう45分ある場合や，リス
ニング問題やグループ活動などが行われる場合もあります。

　例として，東京都立小石川中等教育学校を挙げてみます。

① 　文章の内容を的確に読み取ったり，自分の考えを論理的かつ適切に表現したりする力をみ
　　る。

② 　資料から情報を読み取り，課題に対して思考・判断する力，論理的に考察・処理する力，的確
　　に表現する力などをみる。

③ 　身近な事象を通して，分析力や思考力，判断力などを生かして，課題を総合的に解決できる力
　　をみる。


　この例からも「国語」や「算数」といった教科ごとの出題ではなく，「適性検査」は，私立中学の
入試問題とは大きく異なることがわかります。

　東京都立小石川中等教育学校の募集要項には「適性検査により思考力や判断力，表現力等，小学校
での教育で身に付けた総合的な力をみる。」と書かれています。

　教科知識だけではない総合的な力をはかるための検査をするということです。


　実際に行われている検査では，会話文が多く登場します。このことからもわかるように，身近な生
活の場面で起こるような設定で問題が出されます。

　これらの課題を，これまで学んできたさまざまな教科の力を，知識としてだけではなく活用して，
自分で考え，文章で表現することが求められます。

　実際の生活で，考えて，問題を解決していくことができるかどうかを学校側は知りたいということ
です。


　問題にはグラフや図，新聞なども多く用いられているので，情報を的確につかむ力も必要となりま
す。

　算数や国語・理科・社会の学力を問うことを中心にした問題もありますが，出題の形式が教科のテ
ストとはかなり違っています。一問のなかに社会と算数の問題が混在しているような場合もありま
す。

　少数ではありますが，家庭科や図画工作・音楽の知識が必要な問題も出題されることがあります。

作文は，文章を読んで自分の考えを述べるものが多く出題されています。

文章の長さや種類もさまざまです。筆者の意見が述べられた意見文がもっとも多く採用されていますが，物語文，詩などもあります。作文を書く力だけでなく，文章の内容を読み取る力も必要です。

調査結果などの資料から自分の意見をまとめるものもあります。

問題がいくつかに分かれているものも多く，最終の１問は400字程度，それ以外は短文でまとめるものが主流です。

ただし，こちらも，さまざまに工夫された出題形式がとられています。


それぞれの検査の結果は合否にどのように反映するのでしょうか。

東京都立小石川中等教育学校の場合は，適性検査Ⅰ・Ⅱ・Ⅲと報告書（調査書）で判定されます。

報告書は，400点満点のものを200点満点に換算します。

適性検査は，それぞれが100点満点の合計300点満点を，600点満点に換算します。

それらを合計した800点満点の総合成績を比べます。


このように，形式がさまざまな公立中高一貫校の試験ですが，文部科学省の方針に基づいて行われるため，方向性として求められている力は共通しています。

これまでに出題された各学校の問題を解いて傾向をつかみ，自分に足りない力を補う学習を進めるとよいでしょう。

また，環境問題や国際感覚のような出題されやすい話題も存在するので，多くの過去問を解くことで基礎的な知識を蓄えておくこともできるでしょう。

適性検査に特有の出題方法や解答方法に慣れておくことも重要です。

また，各学校間で異なる形式で出題される適性検査ですが，それぞれの学校では，例年，同じような形式がとられることがほとんどです。

目指す学校の過去問に取り組んで，形式をつかんでおくことも重要です。

時間をはかって，過去問を解いてみて，それぞれの問題にどのくらいの時間をかけることができるか，シミュレーションをしておきましょう。

検査項目や時間に大きな変更のある場合は，事前に発表がありますので，各自治体の教育委員会が発表する情報にも注意しましょう。

# 県立 東桜学館 中学校
とうおうがっかん

〒999-3730　山形県東根市中央南1-7-1
☎0237-53-1541
交通　JRさくらんぼ東根駅　徒歩10分

http://www.touohgakkan-jhh.ed.jp/

## [プロフィール]

・平成28年4月に開校。翌29年には文部科学省の**スーパーサイエンスハイスクール（SSH）**となった。

・「高い志」、「創造的知性」、「豊かな人間性」を基本理念とする。

## [カリキュラム]

・55分×週30時間授業を実施。

・理数教育に力を入れ、数学の授業時間は標準よりも3年間で96時間増加。3年時には高校数学の**先取り学習**を行う。また、理科ではSSH指定校であることを活用した実験学習や大学教授を招いた**サイエンスセミナー**を実施する。

・英語の授業時数も標準より3年間で138時間増やし、**英語検定・イングリッシュキャンプ、海外研修旅行**などに取り組んでいる。

・総合的な学習の時間は各学年約55時間。東北芸術工科大学と連携しながら行う。

## [部活動]

・中学3年の後半から高校の部活動に参加することができる。

・令和5年度には、**弓道部**が男子団体・男子個人で全国大会に、**陸上競技部**が男子3年100mと女子共通走高跳で東北大会に出場した。

・中学校では下記の部活動を設置。

**★運動部・文化部**

軟式野球、陸上競技、バスケットボール、バレーボール（女）、サッカー、硬式テニス、卓球、剣道、弓道、吹奏楽、美術、書道、探究

## [行　事]

・東桜祭やかるた大会などは**中高合同**で催している。

・被災地訪問など**防災学習**に取り組む。

| | |
|---|---|
| 4月 | 新入生セミナー |
| 7月 | 東桜キャンプ（3年） |
| 8月 | 東桜祭 |
| 9月 | 東桜キャンプ（1年） |
| 10月 | 体育祭 |
| 12月 | かるた大会 |
| 2月 | 未来創造P発表会 |
| 3月 | 海外研修旅行（3年） |

## [進　路]

・山形県公立高校入学者選抜を経ずに入学の意思確認だけで東桜学館高校へ進学することができる。

・高校2年次から文系（Ⅰ型・Ⅱ型）と理系に分かれる。

**★卒業生の主な進学先（東桜学館高校）**

東京大、北海道大、東北大、小樽商科大、北見工業大、北海道教育大、室蘭工業大、弘前大、宮崎教育大、山形大（医）、福島大、茨城大、筑波大、宇都宮大、埼玉大、千葉大、東京海洋大、東京学芸大、新潟大、福井大、奈良教育大、高知大、琉球大

## [トピックス]

・学校や希望者・有志という形で**ボランティア活動**に幅広く参加している。活動範囲は東根市内にとどまらず、海外（難民支援など）にまで及ぶ。

・保護者とともに山形県内に住所を有する者、または山形県教育委員会教育長が特別に承認した者が入学志願することができる。また、入学者の選抜は「**調査書**」ならびに「**適性検査**」、「**作文**」および「**面接**」（集団面接）の結果を資料に用いて、総合的に判定して行われる。

---

## 入試！インフォメーション

※本欄の内容は令和6年度入試のものです。

### 受検状況

| 入学定員 | 志願者数 | 受検者数 | 入学許可予定者数 | 最終倍率 |
|---|---|---|---|---|
| 99 | 167 | 166 | 99 | 1.68 |

☎999-0037　山形県鶴岡市若葉町16-5
☎0235-23-7579
交通　JR羽越本線鶴岡駅　徒歩17分

# 県立 致道館 中学校

ちどうかん

https://www.chidokan.ed.jp/

## [プロフィール]

- 令和6年4月、県立鶴岡北高校と県立鶴岡南高校を統合し、庄内地区初の**併設型中高一貫校**として、中学校は鶴岡北高校の校地に、高校は鶴岡南高校（鶴岡市若葉町26-31）の校地に開校した。
- 高校は**スーパーサイエンスハイスクール**に指定されている。
- 「**自主自立**」、「**新しい価値の創造**」、「**社会的使命の遂行**」を基本理念とする。

## [カリキュラム]

- **55分×週30時間授業**を実施。高校からは55分×週32時間授業となる。
- 6年間を基礎期・充実期・発展期に分け、継続した計画的な教育が行われる。
- 標準的な公立中学校の授業時数よりも数学は25％、英語は33％多く、高校の学習内容の**先取り学習**も行う。
- **探究型学習や理数教育・グローバル教育**に力を入れている。

## [部活動]

- 部活動は任意参加。
- 中学校では下記の部活動を設置。

### ★運動部・文化部

バスケットボール、卓球、バドミントン、サッカー、陸上競技、探究（サイエンス、グローバル等）、合唱

## [行事]

- 学校祭、クラスマッチ、高校生ゼミ発表会など、**中学生と高校生の交流行事**が充実している。

## [進路]

- 山形県公立高校入学者選抜を経ずに入学の意思確認だけで致道館高校へ進学することができる。
- 致道館高校には**普通科と理数科**が設置されており、中学3年の2学期までに進学先を確定する必要がある。

### ★卒業生の主な進学先（鶴岡南高校・鶴岡北高校）

京都大、北海道大、東北大、北海道教育大、室蘭工業大、弘前大、宮城教育大、秋田大、山形大、福島大、茨城大、筑波大、宇都宮大、群馬大、埼玉大、千葉大、電気通信大、東京外国語大、東京学芸大、東京農工大、横浜国立大、新潟大、富山大、金沢大、山梨大、静岡大、愛知教育大、大阪教育大、広島大、海上保安大学校

## [トピックス]

- 通学区域は県下一円。
- 保護者とともに山形県内に住所を有する者、または山形県教育委員会教育長が特別に承認した者が入学志願することができる。また、入学者の選抜は「調査書」ならびに「適性検査」、「作文」および「面接」の結果を資料に用いて、総合的に判定して行われる。

---

## ■入試！インフォメーション■

※本欄の内容は令和6年度入試のものです。

### 受検状況

| 入学定員 | 志願者数 | 受検者数 | 入学許可予定者数 | 最終倍率 |
|---|---|---|---|---|
| 99 | 219 | 215 | 99 | 2.17 |

(4)

# 出題傾向の分析と
# 合格への対策

## ●出題傾向と内容

　検査は，適性検査と作文に分けて実施される。試験時間・配点は，適性検査は55分100点，作文は40分35点となっている。

　適性検査は，全教科から出題され，大問数は3題，小問数は10～24題とかなり分量のある構成となっている。いずれの問題も，資料として図や表・グラフ，いくつかの文章などを与えられ，そこから必要な情報を抜きだす，正しいものを選ぶなどの作業を求められる。与えられる条件を正しく解釈する理解力に加え，学校で習った知識をどう解答に生かすか考える思考力，また記述の形にする表現力・応用力が問われる。傾向として，社会は国内の歴史や産業に関する問題，理科は自然現象や実験に絡めた問題が多いが，いずれも知識・資料読み取りの両方の要素を含んでいる。また，2022年度より，リスニング問題も出題されるようになった。会話文から，内容にあうイラストや文を選ぶ形式である。その他に，情報の知識を問う問題も出題される。

　作文は，形式の条件を与えられ，自らの経験をふまえて400～500字程度で文章を書く設問となっている。資料の内容と絡めて作文することもある。文量が多いが，問題数は一問であるため，しっかりと推敲してまとまりある文をつくる力が要求される。

## ● 2025 年度の予想と対策

　適性検査は，発展的で難易度の高い問題自体は少ないものの，計算式も記述して解答することを求められる，記述式で説明させるなど一問一問に時間がかかり，時間的には厳しい構成である。時間配分を考えながら解くことが必要となってくるだろう。また，知識を問う問題がかなり多い。単に習ったことを問われるのではなく，設問に合わせて知識を応用させるため，どれだけ素早く問題と知識を結びつけることができるかが重要となってくる。問題に対応する知識を素早く記憶から引き出す訓練として，日頃から正しい知識を定着するために基本的な問題をしっかり解く，発展問題までしっかり解いておくなどの対策がとれる。リスニングについては，日頃から英語を聞くようにし，ポイントとなる単語がどれか判断できるようにしておきたい。

　作文は原稿用紙一枚以上程度の文量を40分間で書くことが求められるため，文章を素早く書き始められるように，やはり慣れておくことが重要だと言えるだろう。出題内容は，日頃の自分の生活やこれからの自分など，身近かつ普段から考えられるような話題が多い。日常生活の中で考えること，将来の夢など，定番の題についての作文を自ら書いて練習しておくとよいだろう。

### ✔ 学習のポイント

解答の基盤となるのは基本的な知識である。特に数学・理科は理論までしっかりと理解しながら学習を進めよう。問題に対して，素早く正確に解答する対応力や，手を動かして文章で答える練習を日頃からしておこう。

# 2024年度

入 試 問 題

# 2024年度

# 山形県立中学校入試問題

**【適性検査】** （55分） ＜満点：100点＞

（放送台本）

〔注〕【　】内は音声として入れない。

　これから放送による適性検査を始めます。放送による問題は 1 の 1 です。聞いている間に，問題用紙にメモを取っても構いません。答えは全て解答用紙に記入してください。
【間2秒】

　それでは，適性検査問題の1ページの 1 を見てください。【間5秒】

1 　千広さんのクラスでは，外国の小学生との交流をきっかけとして，自分の学校のみりょくを発信することにしました。あとの1～5の問いに答えましょう。

1 　千広さんは，外国語の時間に，オーストラリアの小学生であるジェシカさんと，オンラインで交流しました。千広さんとジェシカさんの会話を聞いて，次の(1)～(3)の問題に答えましょう。

　(1) 　ジェシカさんが見せた名前のカードはどれでしょう。ア～エの中から一つ選び，記号で書きましょう。

　(2) 　千広さんのクラスで，体育と理科の両方の授業がある曜日は何曜日でしょう。ア～オの中から一つ選び，記号で書きましょう。

　(3) 　ジェシカさんが話した内容として最も適切なものはどれでしょう。ア～エの中から一つ選び，記号で書きましょう。【間3秒】
　　　英文は2回読みます。では始めます。【間2秒】

【Jessica】 : Hello. My name is Jessica.

【Chihiro】 : Jes...?

【Jessica】 : Jessica.　J-E-S-S-I-C-A, Jessica.　Please look at this card.

【Chihiro】 : I see.　I'm Chihiro.　Nice to meet you.

【Jessica】 : Nice to meet you, too. Chihiro, what subject do you like?

【Chihiro】 : I like P.E.　I have P.E. on Mondays and Thursdays.

【Jessica】 : Oh, really?　I like P.E., too.　I have P.E. on Mondays, Wednesdays and Fridays.　It's very fun.

【Chihiro】 : Nice.　I like science, too.　I have science on Tuesdays, Thursdays and Fridays.　We study science in the science room. We have many rooms in our school.

【Jessica】 : What is your favorite place in your school?

【Chihiro】 : My favorite place is the gym.　I'm not good at playing sports.　But I enjoy playing dodgeball with my friends.　I like the gym very much.

How about you?

【Jessica】：My favorite place is the library. We have many interesting books. I sometimes read books there. We have some nice places in our school. Look at the pictures.

【Chihiro】：Wow, wonderful!

【間5秒】くりかえします。【間2秒】（英文を読む）【間7秒】

以上で放送による問題は終わります。次の問題に進んでください。

1　千広さんのクラスでは，外国の小学生との交流をきっかけとして，自分の学校のみりょくを発信することにしました。あとの1～5の問いに答えましょう。

1　千広さんは，外国語の時間に，オーストラリアの小学生であるジェシカさんと，オンラインで交流しました。千広さんとジェシカさんの会話を聞いて，次の(1)～(3)の問題に答えましょう。

(1)　ジェシカさんが見せた名前のカードはどれでしょう。ア～エの中から一つ選び，記号で書きましょう。

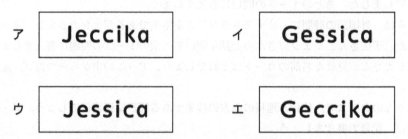

ア　Jeccika　　イ　Gessica

ウ　Jessica　　エ　Geccika

(2)　千広さんのクラスで，**体育と理科の両方の授業がある曜日は何曜日**でしょう。ア～オの中から一つ選び，記号で書きましょう。

ア　月曜日

イ　火曜日

ウ　水曜日

エ　水曜日

オ　金曜日

(3)　ジェシカさんが話した内容として最も適切なものはどれでしょう。ア～エの中から一つ選び，記号で書きましょう。

ア　体育が好きで，時々図書室で本を読む。

イ　理科が好きで，時々図書室で本を読む。

ウ　体育が好きで，友達とドッジボールをする。

エ　理科が好きで，友達とドッジボールをする。

2　ジェシカさんの学校の様子を知った千広さんは，自分の学校のみりょくを学校のホームページでしょうかいするため，総合的な学習の時間に動画を作成することにしました。

　千広さんは，しょうかいしたい場所を一つと，その理由について全校生480人にアンケートをとりました。次の グラフ は，しょうかいしたい場所の結果をまとめたものです。

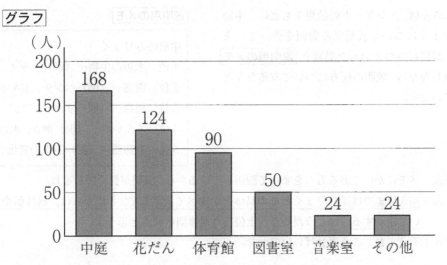

**グラフ**

「中庭」と答えた児童数の割合は，全校生の何％ですか，書きましょう。

3　中庭でさつえいの準備をしている千広さんは，他の中の様子を見て，同じクラスの友希さんと会話をしています。

千広さん：メダカが気持ちよさそうに泳いでいるね。

友希さん：確かもっといたはずだったのに。見つけられないなあ。

千広さん：もしかすると水草の下にいるかもしれないね。水草を取りのぞくといい映像<small>えい</small>になりそうだから，取ってみよう。

友希さん：まって。水草には役割<small>わり</small>があるって聞いたことがあるよ。水草について調べてみようよ。

　千広さんは，タブレットを使って，メダカの飼育における水草の役割を調べました。次は，そのときの タブレット画面の一部 です。

**タブレット画面の一部**

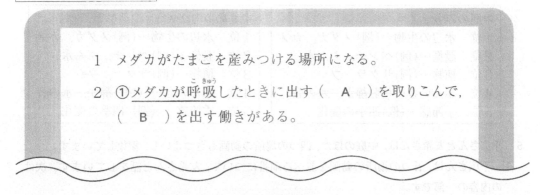

1　メダカがたまごを産みつける場所になる。

2　①メダカが呼吸<small>こきゅう</small>したときに出す（　Ａ　）を取りこんで，（　Ｂ　）を出す働きがある。

(1)　（Ａ），（Ｂ）にあてはまる気体の名前を漢字で書きましょう。

(2)　下線部①について，人とメダカの呼吸の仕方には，それぞれどんな特ちょうがありますか。次の＜言葉＞から最も適切な言葉を二つ選び，それらを使って説明しましょう。

＜言葉＞
あたま　　肺<small>はい</small>　　せびれ　　えら　　かん臓<small>ぞう</small>

4　千広さんは，アンケートの結果をもとに，中庭のみりょくについて説明する動画を作っています。1回目にさつえいした動画と 説明用のメモ を見直しながら，説明の仕方について友希さんと考えています。

**説明用のメモ**

> 中庭のみりょく
> 1位　水辺の生物…（例）メダカ，カメ
> 2位　設備…（例）ベンチ，ふん水
> 3位　植物…（例）サクラ，フジ
> 4位　ふんいき…（例）静か，水の音
> 5位　季節感…（例）四季の変化

千広さん：メモにかいてあるものをすべて説明しているから，説明が長く感じるね。

友希さん：②3位までは，みりょくとその具体例をすべて説明して，4位からは，具体例を入れないで説明するのはどうだろう。上位三つが強調されると思うよ。

千広さん：そうだね。こう直せばいいのかな。

　下線部②をもとに，千広さんは，2回目のさつえいに向けて 説明用のメモ に手直しを加えました。手直しが加えられたメモとして，最も適切なものを，次のア～エの中から一つ選び，記号で書きましょう。ただし，メモにある―――の部分は，説明しないことを表します。

**ア**

> 中庭のみりょく
> 1位　水辺の生物…（例）メダカ，カメ
> 2位　設備…（例）ベンチ，ふん水
> 3位　植物…（例）サクラ，フジ
> ~~4位　ふんいき…（例）静か，水の音~~
> ~~5位　季節感…（例）四季の変化~~

**イ**

> 中庭のみりょく
> ~~1位　水辺の生物…（例）メダカ，カメ~~
> 2位　設備…（例）ベンチ，ふん水
> 3位　植物…（例）サクラ，フジ
> ~~4位　ふんいき…（例）静か，水の音~~
> 5位　季節感…（例）四季の変化

**ウ**

> 中庭のみりょく
> 1位　水辺の生物…（例）メダカ，カメ
> 2位　設備…（例）ベンチ，ふん水
> 3位　植物…（例）サクラ，フジ
> 4位　ふんいき…~~（例）静か，水の音~~
> 5位　季節感…~~（例）四季の変化~~

**エ**

> 中庭のみりょく
> 1位　水辺の生物…（例）メダカ，~~カメ~~
> 2位　設備…（例）ベンチ，~~ふん水~~
> 3位　植物…（例）サクラ，~~フジ~~
> 4位　ふんいき…~~（例）静か，水の音~~
> 5位　季節感…~~（例）四季の変化~~

5　千広さんと友希さんは，中庭のほか，四つの場所の動画もさつえいし，編集しています。

⑴　千広さんは，五つの場所の動画を並べる順番について，友希さんと話をしています。次は，その内容の一部です。

友希さん：最初は，アンケートで一番多かった中庭にしよう。

千広さん：そうだね。

友希さん：2番目以降の順番はどうしようかな。

千広さん：花だん，体育館，図書室，音楽室の四つの場所があるから，並べる順番は全部で（　A　）通りあるね。

友希さん：最初は中庭で外の動画だったから，2番目は花だん以外の場所にしたいな。

千広さん：そうすると，並べる順番は全部で（　B　）通りになるね。

　　（A），（B）にあてはまる数字をそれぞれ書きましょう。

(2)　千広さんと友希さんは，作成した動画のホームページけいさいにあたり，気をつけなければならないことについて話をしました。動画のけいさいにあたり**適切でない**ものを，次の**ア〜ウ**の中から一つ選び，記号で書きましょう。

　**ア**　正確な情報をけいさいする。

　**イ**　他人の個人情報について，許可をとらずにけいさいする。

　**ウ**　他人がつくったものを勝手にけいさいしない。

2　菜月さんは，江戸時代に松尾芭蕉が，俳句をよみながら旅をし，「おくのほそ道」という紀行文（文章）をまとめたことを授業で学びました。そこで，菜月さんは，芭蕉が旅した場所などを調べることにしました。あとの1〜5の問いに答えましょう。

1　菜月さんは，松尾芭蕉が訪れた場所について，新太さんと話をしました。次は，その内容の一部です。

新太さん：松尾芭蕉は，どこから山形県内に入ったのかな。

菜月さん：調べてみると，今の宮城県の方から尾花沢市に来たみたいだよ。

新太さん：そのあとどこに行ったのかな。

菜月さん：尾花沢市のあと，山形市にある①立石寺（山寺）に向かったようだよ。

(1)　下線部①について，立石寺（山寺）は，歴史上価値のあるものとして，国の史せき・名勝に指定されています。史せき・名勝の地図記号として正しいものを，次の**ア〜エ**の中から一つ選び，記号で書きましょう。

**ア** 　**イ** 　**ウ** 　**エ**

(2)　菜月さんの家族は，尾花沢市にある自宅から立石寺（山寺）に車で向かいました。と中で高速道路を23.1km走り，高速道路での平均の速さは時速66kmでした。そして，立石寺（山寺）に着いたときに車のメーターをみると，自宅から立石寺（山寺）までは40.1kmあり，51分間で走行してきたことがわかりました。菜月さんが乗った車は，高速道路以外の道路では，平均すると時速何kmで走りましたか，書きましょう。

2　立石寺（山寺）に着いた菜月さんは，ちゅう車場から根本中堂（本堂）に歩いています。

(1)　菜月さんは，お父さんと山寺のことについて話をしながら歩いています。次は，その内容の一部です。

菜月さん：ずいぶん古いお寺だね。山寺はだれがつくったのかな。

お父さん：慈覚大師という人が，西暦860年につくったみたいだよ。

菜月さん：西暦860年というと，②平安時代だね。

下線部②について，次の 説明 は，平安時代の文化の特ちょうを表したものです。

説明

貴族たちが（　A　）と呼ばれる屋しきで生活したり，（　B　）がつくられたりするなど，日本風の文化が生まれた。

（A），（B）にあてはまる適切な言葉を，次のア〜カの中から選び，それぞれ記号で書きましょう。

ア　金閣　　イ　かな文字　　ウ　書院造
エ　寝殿造　　オ　浮世絵　　カ　すみ絵（水ぼく画）

(2)　菜月さんは，歩いていると中で，さまざまなこん虫を見つけました。

お父さん：山寺にも，いろいろなこん虫がいるね。

菜月さん：そうだね。トンボやチョウがいるよ。

お父さん：③トンボとチョウは，成虫になるまでの育ち方がちがうようだね。

下線部③について，次の文は，チョウの育ち方の順序を説明したものです。 □ にあてはまる言葉を入れて，文を完成させましょう。

たまごから □ 成虫になる。

3　根本中堂（本堂）にたどり着いた菜月さんは，近くにあった「山寺の大イチョウ」という木を見つけました。

菜月さんは，授業で分度器を使った高さの求め方について学んだことを思い出し，「山寺の大イチョウ」の高さを求めることにしました。

まず，図1 のように「山寺の大イチョウ」から20mはなれたところに立ち，「山寺の大イチョウ」のてっぺんを見上げ，分度器を使って角度を調べると，55°であることがわかりました。

図1　「山寺の大イチョウ」の高さを計測している様子

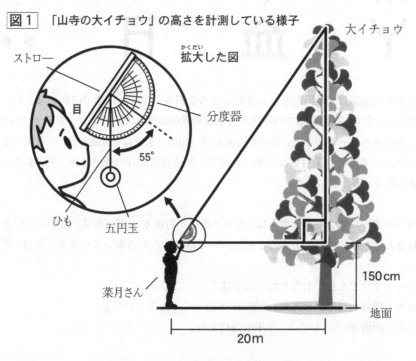

拡大した図

ストロー
目
分度器
55°
ひも
五円玉
大イチョウ
菜月さん
150cm
地面
20m

次に，この結果をもとに，菜月さんは 図2 のような三角形ABCをノートに作図してみたところ，辺BCの長さは5.7cmとわかりました。

「山寺の大イチョウ」の実際の高さは何mですか，書きましょう。

図2

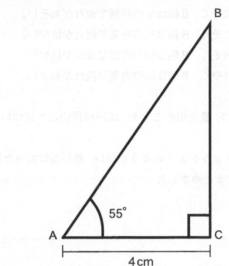

4 菜月さんは，松尾芭蕉も訪れた大石田町に行き，最上川の流れを観察しました。

最上川の川岸の一部には，図3 のように，川の片側にコンクリートブロックが置かれています。

これを見ていた菜月さんは，曲がって流れている川の内側と外側では，流れの速さや水の深さ，石の大きさにちがいがあると授業で学んだことを思い出しました。

図3

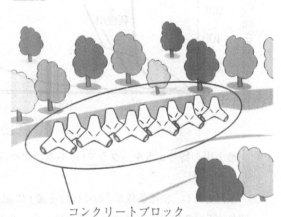

コンクリートブロック

次の 図4 は，曲がって流れている川の中の様子を表したものです。A側とB側

図4

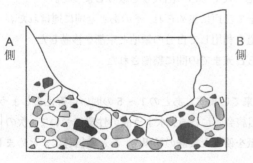

図5 川の内側と外側

※ ➡ は水の流れを表します。

について説明していることについて最も適切なものを，あとの**ア〜エ**の中から一つ選び，記号で書きましょう。なお，曲がっている川における川の内側と外側とは，それぞれ **図5** にある側を表します。

**ア** Ａ側は川の内側で流れがはやく，Ｂ側は川の外側で流れがおそい。

**イ** Ａ側は川の内側で流れがおそく，Ｂ側は川の外側で流れがはやい。

**ウ** Ａ側は川の外側で流れがおそく，Ｂ側は川の内側で流れがはやい。

**エ** Ａ側は川の外側で流れがはやく，Ｂ側は川の内側で流れがおそい。

**5** 自宅に帰ってきた菜月さんは，最上川のことや，江戸時代のことについて，さらに調べることにしました。

**(1)** 菜月さんは，最上川の特ちょうをまとめようと思い，教科書にあった代表的な川に最上川を追加し，次の グラフ のようにまとめました。

**グラフ**

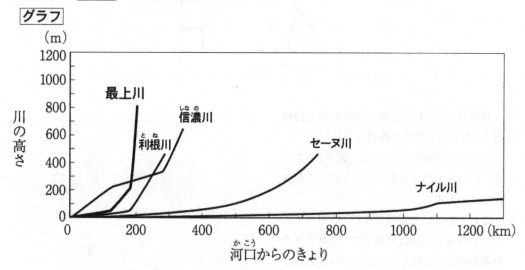

最上川の特ちょうを， グラフ にある世界や日本の川と比かくしたことをもとにして説明しましょう。

**(2)** 菜月さんは，松尾芭蕉が「おくのほそ道」に記した場所以外にも，日本各地を旅していることを知り，江戸時代の街道について調べました。当時の街道に関わる説明として最も適切なものを，次の**ア〜エ**の中から一つ選び，記号で書きましょう。

**ア** 幕府は街道の重要な場所には関所をおき，人やものの出入りを取りしまった。

**イ** 各藩の米や特産物は，街道を利用して全て江戸に集められ，そのあと全国に運ばれた。

**ウ** 参勤交代の制度が定められ，大名は街道を利用して自分の領地と京都を移動した。

**エ** 五街道の一つである東海道が，江戸から日光までの間に整備された。

**3** 太郎さんの家族は，ショッピングモールに来ています。あとの１〜５の問いに答えましょう。

**1** 太郎さんとお父さんは，「夏休み自由研究相談会」に行き，水よう液の性質について，次の 問題 にちょう戦しました。太郎さんは，リトマス紙を使った実験の結果を，あとの[表]にまとめました。

問題

　無色とう明の水よう液あ〜えが，ビーカーにそれぞれ50mLずつ入っています。水よう液あ〜えは，「食塩水」「炭酸水」「うすい水酸化ナトリウム水よう液」「うすい塩酸」のいずれかです。

　まず，リトマス紙を使って実験をおこなうと，どのような結果になりますか。また，①水よう液をすべて見分けるためには，ほかにどのような実験をおこなえばよいですか。

表

| 水よう液 | あ | い | う | え |
|---|---|---|---|---|
| リトマス紙を使った実験の結果 | （ A ） | （ B ） | （ C ） | （ D ） |
| 水よう液の正体 | 炭酸水またはうすい塩酸 | 食塩水 | 炭酸水またはうすい塩酸 | うすい水酸化ナトリウム水よう液 |

(1)　（A）〜（D）にあてはまるものを，次のア〜ウの中からそれぞれ選び，記号で書きましょう。
　　ア　青色リトマス紙が赤色になった
　　イ　赤色リトマス紙が青色になった
　　ウ　変わらない

(2)　下線部①について，リトマス紙を使った実験だけでは，炭酸水なのか，うすい塩酸なのかを見分けることができませんでした。見分けるためには，どのような実験をおこなえばよいですか。見分けるための実験方法を二つ書きましょう。また，実験をおこなったときの，炭酸水とうすい塩酸それぞれの結果を書きましょう。

2　太郎さんめ家族は，ショッピングモール内の回転ずし店で食事をしました。
　お父さん：そろそろ会計にしようね。
　太郎さん：みんなで何皿食べたかなあ。45皿だ。
　お母さん：代金は5830円になったよ。
　花子さん：1皿100円と，1皿200円のおすしを食べたはずなのに，計算があわないよ。
　お父さん：消費税10％分が入っているからだよ。

　太郎さんの家族は，1皿100円のすしと，1皿200円のすしを，それぞれ何皿食べましたか，書きましょう。

3　花子さんとお母さんは，ショッピングモール内で開さいされていた「身の回りの生物を知る」イベントに参加し，ドジョウを飼育するときの水そうの水の深さについて，会話をしています。
　花子さん：わたしの水そうは，水の深さが少し足りないかな。
　お母さん：お母さんの水そうは，水を多く入れすぎたから，分けてあげるよ。

次の 水そうA と 水そうB は，花子さんとお母さんが最初に水を入れたときの様子を表しています。

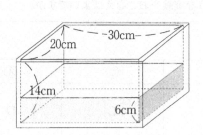
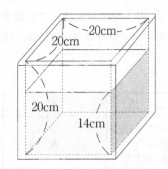

水そうA 花子さんの水そうの様子　　水そうB お母さんの水そうの様子

※二つの水そうに示した長さは，それぞれの水そうの内側の長さと，最初に入れた水の深さを表します。

水そうB から 水そうA に水を少しずつ移し，二つの水そうに入っている水の深さが同じになったとき，水の深さは何㎝ですか，書きましょう。

4　太郎さんとお父さんは，家電製品売り場で，照明について会話をしています。

太郎さん：広い部屋や，1階と2階をつないでいる階段には，②スイッチが二つあって，どちらのスイッチからでも照明をつけたり消したりできて便利だよね。

お父さん：そうだね。他にも，③近くに動くものがあるかないかによって，照明がついたり消えたりするものもあるよ。

太郎さん：どんな仕組みになっているのか店員さんに聞いてみよう。

(1)　太郎さんは，図1 の仕組みをもったスイッチのことを，店員さんから教えてもらいました。そして，このスイッチを二つと，豆電球・かん電池を一つずつ使って，下線部②のようになるつなぎ方を考えました。

図1

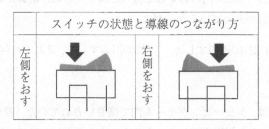

次の 図2 において，表 の条件をみたすように，かん電池をつなぐ場所として最も適切な場所を，ア～ウの中から一つ選び，記号で書きましょう。

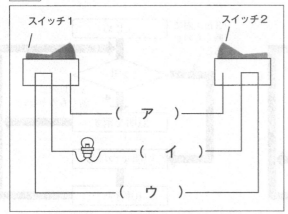

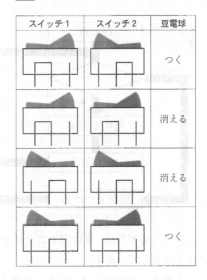

図2

※ は豆電球を表します。

※ア～ウでかん電池をつながないところは，
導線でつなぐものとします。

⑵ 下線部③について，太郎さんは，照明がついたり消えたりするのは，センサーを用いたプログラムが組みこまれているからだと，店員さんから教えてもらいました。

次の 条件 に合うプログラムの流れについて，最も適切なものを，あとのア～エの中から一つ選び，記号で書きましょう。

条件

・3m以内に動くものがある場合は，10秒間照明をつける。

・照明がついてから10秒間待ち，3m以内に動くものがない場合は照明を消す。

ア

```
        はじめ
          │
3m以内に   ▼
動くものが ◇ センサー
ある          │  3m以内に
          ▼  ← 動くものがない
      照明をつける
          │
      10秒待つ ──→
          │
      照明を消す
```

イ

```
        はじめ
          │
3m以内に   ▼
動くものが ◇ センサー
ある          │  3m以内に
          ▼  ← 動くものがない
      照明をつける ──→
          │
      照明を消す
          │
      10秒待つ
```

**ウ**

3m以内に動くものがある

```
   はじめ
     │
   センサー ──3m以内に動くものがない──┐
     │                              │
  照明を消す                         │
     │                              │
  10秒待つ ─────────────────────────┤
     │                              │
  照明をつける                        │
```

**エ**

3m以内に動くものがある

```
   はじめ
     │
   センサー ──3m以内に動くものがない──┐
     │                              │
  照明を消す ────────────────────────┤
     │                              │
  照明をつける                        │
     │                              │
  10秒待つ                           │
```

**5** 太郎さんの家族は，雑貨屋でコップを置くためのコースターを買い，ショッピングモールから外に出ようとしています。

**(1)** 太郎さんが買ったコースターを真上から見ると，下の **図3** のように，直径12cmの円の中に，半径が3cmの半円が四つと，一辺が3cmの正方形が一つあり，半円と正方形以外の部分が黒くぬられていました。

黒くぬられている部分の面積は何cm²ですか，書きましょう。ただし，円周率は3.14とします。

**図3**

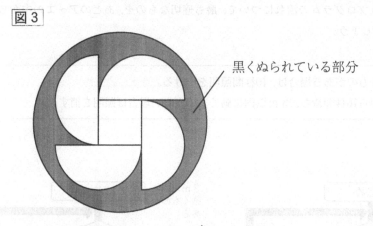

黒くぬられている部分

**(2)** 太郎さんは，帰ると中に，きれいな模様のゆかを見つけ，タイルがあとの **図4** のように並んでいることに気づきました。

お父さん：ゆかがとてもきれいな模様になっているね。赤，青，白の3色のタイルが規則正しく並んでいるよ。

太郎さん：1枚の青のタイルを中心にして，周りを囲むすべてのタイルをみていくと，その中で赤のタイルの枚数は，1周目は4枚，2周目までも4枚，3周目までだと16枚あるね。

図4

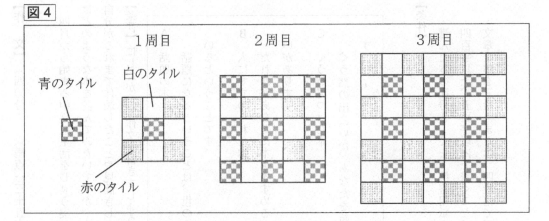

24周目までの中にある赤のタイルは何枚ありますか，書きましょう。

【作 文】 （四〇分） 〈満点：三十五点〉

四月から始まる中学校生活をじゅう実したものとするために、あなたはどのような本を読んでみたいですか。次のA～Cの中から一つ選び、自分がこれまで体験したことや見聞きしたこととつなげながら、あとの【条件】にしたがって作文を書きましょう。

┌──────────────────────────────┐
│ A　話題の本
│ 　話題になるということは、世の中の多くの人が関心を寄せているということです。
│
│ B　人にすすめられた本
│ 　だれかがあなたに本をすすめるとき、そこにはあなたへの思いがあります。
│
│ C　ぐう然見つけた本
│ 　ぐう然の出会いが、あなたを新しい世界へと導いてくれます。
└──────────────────────────────┘

【条件】
・選んだ本の記号A～Cを、解答用紙の □ の中に書くこと。
・四百字以上、五百字以内で書くこと。
・文章全体を三段落または、四段落で書くこと。

# 2024 年度

---

# 解 答 と 解 説

---

## ＜適性検査解答例＞

1　1　(1)　ウ
　　　(2)　エ
　　　(3)　ア
　2　35(%)
　3　(1)　A　二酸化炭素　　B　酸素
　　　(2)　人は肺で，メダカはえらで呼吸をしている。
　4　ウ
　5　(1)　A　24　　B　18
　　　(2)　イ

2　1　(1)　エ
　　　(2)　(時速)34(km)
　2　(1)　A　エ　　B　イ
　　　(2)　かえったよう虫がさなぎになって
　3　30(m)
　4　イ
　5　(1)　河口からのきょりが短く，高いところから流れている。
　　　(2)　ア

3　1　(1)　A　ア　　B　ウ　　C　ア　　D　イ
　　　(2)　（1つ目の実験方法：）　石灰水を入れる。
　　　　　（結果：）　炭酸水は白くにごり，うすい塩酸は色の変化がない。
　　　　　（2つ目の実験方法：）　スチールウールを入れる。
　　　　　（結果：）　炭酸水では反応がなく，うすい塩酸ではあわがついてとける。
　2　（100円皿：）　37(皿)　　（200円皿：）　8(皿)
　3　9.2(cm)
　4　(1)　イ
　　　(2)　エ
　5　(1)　47.52(cm²)
　　　(2)　576(枚)

○配点○
1　1(1)・1(2)・2　各3点×3
　1(3)・3(2)・4・5(2)　各4点×4　　3(1)　完答3点　　5(1)　完答4点

2  1(1)  3点
  1(2)・2(2)・4・5(2)  各4点×4    2(1)  完答4点
  3・5(1)  各5点×2
3  1(1)・2  完答各4点×2    4(1)・4(2)・5(1)・5(2)  各4点×4
  3  5点    1(2)  6点    計100点

## ＜適性検査解説＞

1  （総合：リスニング，割合（わりあい），並（なら）べ方，呼吸（こきゅう），メモ，情報の取りあつかい）

  1  (1)  ジェシカさんが自分の名前のスペルを言った発言に注目する。
    (2)  千広さんの発言から，体育があるのは月曜日と木曜日，理科があるのは火曜日，木曜日，金曜日であるとわかる。体育と理科の両方の授業があるのは木曜日なので，答えはエである。
    (3)  ジェシカさんの発言から，好きな教科は体育であるとわかる。お気に入りの場所に関する発言から，図書室でときどき本を読むことがわかる。よって答えはア。理科が好き，友達とドッジボールをするといった発言をしたのは千広さんである。

## ＜放送全文（日本語訳）＞

【Jessica】: Hello. My name is Jessica.

【Chihiro】: Jes…?

【Jessica】: Jessica. J-E-S-S-I-C-A, Jessica. Please look at this card.

【Chihiro】: I see. I'm Chihiro. Nice to meet you.

【Jessica】: Nice to meet you, too. Chihiro, what subject do you like?

【Chihiro】: I like P.E. I have P.E. on Mondays and Thursdays.

【Jessica】: Oh, really? I like P.E., too. I have P.E. on Mondays, Wednesdays and Fridays. It's very fun.

【Chihiro】: Nice. I like science, too. I have science on Tuesdays, Thursdays and Fridays. We study science in the science room. We have many rooms in our school.

【Jessica】: What is your favorite place in your school?

【Chihiro】: My favorite place is the gym. I'm not good at playing sports. But I enjoy playing dodgeball with my friends. I like the gym very much. How about you?

【Jessica】: My favorite place is the library. We have many interesting books. I sometimes read books there. We have some nice places in our school. Look at the pictures.

【Chihiro】: Wow,wonderful!

ジェシカ：こんにちは。私（わたし）の名前はジェシカです。

千広　　：ジェス…？

ジェシカ：ジェシカ。J-E-S-S-I-C-A,ジェシカ。このカードを見てください。

千広　　：わかりました。私は千広です。よろしく。

ジェシカ：こちらこそよろしく。千広，あなたの好きな教科は何ですか。

千広　　：私は体育が好きです。私は月曜日と木曜日に体育があります。

ジェシカ：まあ，本当に？　私も体育が好きです。私は月曜日と水曜日と金曜日に体育があります。

とても楽しいです。
千広　：すてき。私は理科も好きです。私は火曜日と木曜日と金曜日に理科があります。私たちは理科室で理科を勉強します。私たちは学校にはたくさんの部屋があります。
ジェシカ：学校であなたのお気に入りの場所は何ですか。
千広　：私のお気に入りの場所は体育館です。私はスポーツをすることが得意ではありません。しかし，私は友達とドッジボールをするのを楽しみます。私は体育館がとても好きです。あなたはどうですか。
ジェシカ：私のお気に入りの場所は図書室です。私たちはたくさんの面白い本を持っています。私はときどきそこで本を読みます。私たちは学校にいくつかのすてきな場所を持っています。写真を見てください。
千広　：まあ，すばらしい！

2　割合を求める問題である。 グラフ から「中庭」と回答した児童の人数は168人，問題文から全校児童の人数が480人であることがわかる。よって求める割合は，168÷480＝0.35より35％となる。

3　(1)　植物は，二酸化炭素を取りこんで酸素を出す性質を持っている。メダカは呼吸したときに二酸化炭素を出すため，Aには二酸化炭素，Bには酸素が入る。漢字で書くことに注意する。

　　(2)　人とメダカの呼吸の仕方でちがうのは，肺呼吸かえら呼吸かという点である。よって＜言葉＞から選ぶのは肺とえらである。人とメダカでは呼吸するときにちがう体の部分を使っているということがわかるように書けていればよい。

4　下線部②の内容から，4位以下の具体例だけ除いたメモを選べばよい。よって答えは**ウ**である。

5　(1)　4つのものを順番に並べる並べ方は全部で次の24通りである。

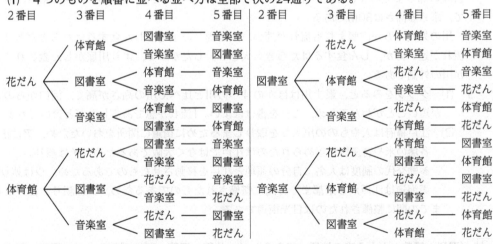

　　　よってAにあてはまるのは24。上の並べ方で，2番目に花だんが来ているものは（体育館 花だん 図書室 音楽室），（体育館 花だん 音楽室 図書室），（図書室 花だん 体育館 音楽室），（図書室 花だん 音楽室 体育館），（音楽室 花だん 体育館 図書室），（音楽室 花だん 図書室 体育館）の6通りである。よってBに入るのは，24－6＝18より18となる。

　　(2)　適切でないものを選ぶ問題である。他人の個人情報は，多くの人が見るホームページに

許可なくのせてはならない。

2 （社会・算数・理科：地図記号，平安時代の文化，世界の川，江戸時代，速さ，拡大図と縮図，こん虫の成長，河川の流れ）

1 (1) 史せき・名勝の地図記号として正しいものは**エ**。**ア**は消防署，**イ**は博物館，**ウ**は神社を表す地図記号である。

(2) 高速道路以外の道路の長さは，40.1－23.1＝17(km)である。高速道路を走行していた時間を求めると，23.1÷66＝0.35(時間)となる。分に直すと，60×0.35＝21(分)である。菜月さんの自宅から立石寺までの走行時間は合計で51分間なので，高速道路以外の道路を走っていた時間は51－21＝30(分)である。時間に直すと，30÷60＝0.5(時間)であるため，求める速さは，17÷0.5＝34より時速34kmとなる。

2 (1) **A**にあてはまるのは，平安時代の貴族の屋しきの特ちょうである**エ**の寝殿造である。**ア**の金閣は室町時代につくられたものであるため，誤りである。同様に**ウ**の書院造も室町時代に成立した建物の様式であるため，誤りである。**B**には，平安時代に生まれた日本風の文化である国風文化にあてはまるものが入る。よって，正しいのは**イ**のかな文字である。**オ**の浮世絵は江戸時代，**カ**のすみ絵(水ぼく画)は鎌倉時代から室町時代の文化のものであるため誤りである。

(2) チョウの育ち方はたまご→よう虫→さなぎ→成虫である。たまごからかえってよう虫からさなぎ，さなぎから成虫になるという過程が書けていればよい。

3 図1と図2の三角形は，拡大図と縮図の関係になっている。図1の菜月さんから大イチョウまでのきょりと図2のＡＣを比べると，20m＝2000cmなので，図1の三角形は図2の三角形の，2000÷4＝500(倍)の拡大図であることがわかる。よって，大イチョウのてっぺんから菜月さんの目線の高さまでの長さは，5.7×500＝2850(cm)と求められる。地面から菜月さんの目線の高さまでの長さは150cmだから，大イチョウの高さは，2850＋15＝3000(cm)，よって，求める高さは30mである。

**重要** 4 川の外側の方が内側よりも流れが速い。川は周りの土地をしん食するはたらきがあり，川の流れが速い方が，しん食するはたらきも大きい。したがって，より川底がしん食されている**B**が川の外側である。

5 (1) グラフをみると，最上川はほかの４つの川と比べて川の高さが高く，河口からのきょりが短いことがわかるため，これを書けばよい。「流れが急である」などと書いてもよい。

(2) 江戸幕府は人やものの出入りを取りしまるために街道に関所をおいたため，**ア**は正しい。各藩の米や特産物が集められたのは江戸ではなく大阪であるため，**イ**は誤り。参勤交代の制度は大名に自分の領地と江戸を移動させたものであるため，**ウ**は誤り。東海道は江戸から京都までの間に整備されたものであるため，**エ**は誤り。江戸から日光までの間に整備されたのは日光街道である。

3 （理科・算数：水よう液の性質，組み合わせ，体積，回路，プログラミング，図形の面積，並べ方）

**基本** 1 (1) 炭酸水とうすい塩酸は酸性を示すため，青色リトマス紙が赤色になる。よって**A**と**C**に入るのは，**ア**が正しい。食塩水は中性であり，酸性，アルカリ性のどちらも示さないため**B**に入るのは**ウ**。うすい水酸化ナトリウム水よう液はアルカリ性を示すため，赤色リトマス紙が青色になる。よって**D**に入るのは**イ**である。

(2) 炭酸水は二酸化炭素が水にとけたものであるから，それがわかる方法を書けばよい。石灰水に二酸化炭素を入れると白くにごるという性質があるため，一つ目の実験方法として石灰水を入れて白くにごるかどうかを見ればよい。このとき白くにごった方の水よう液が炭酸水である。二つ目の方法として，塩酸は金属をとかす性質を持つため，スチールウールやアルミニウム板を水よう液に入れたときに，それらがとけるかどうかを見ればよい。このとき金属がとけた方の水よう液が塩酸ということになる。他に，「水よう液を見る」，「においをかぐ」などの方法もあげられる。炭酸水はあわが出ているが，うすい塩酸はあわが出ていない。また，炭酸水はにおいがないが，うすい塩酸は少しにおいがある。このような方法で見分けることができる。

2　まず，消費税のふくまれない合計金額を求める。消費税10%をふくんだ金額はもとの合計金額の110%，つまり1.1倍になっているため，もとの金額は，5830÷1.1=5300(円)となる。1皿100円のおすしだけを45皿食べたとすると，100×45=4500(円)である。1皿分を200円のおすしに置きかえると，合計金額は，200−100=100(円)高くなる。よって，5300−4500=800(円)分を200円のおすしに置きかえればよい。800÷100=8(皿)より，200円のおすしが8皿，100円のおすしが，45−8=37(皿)となる。

3　水そうA と 水そうB の内側の底面積はそれぞれ20×30=600(cm²)，20×20=400(cm²)であるため，底面積の比はA：B＝3：2である。水の深さを同じにするとき，底面積の比が3：2であるため，水の体積の比も3：2になる。つまり，2つの水そうに入っている水の合計の体積を3：2に分ければよい。水そうA に入っている水の体積は，20×30×6=3600(cm³)，水そうB に入っている水の体積は，20×20×14=5600(cm³)である。よって合計は，3600+5600=9200(cm³)である。これを3：2に分ければよい。3：2に分けたときの水そうA に入る水の体積を考えると，求めるのは，$9200×\frac{3}{5}=5520$(cm³)で，このときの水の深さは，底面積が600cm²なので，5520÷600=9.2(cm)となる。

4　(1)　アにかん電池をつないだ場合，スイッチ1の左側，スイッチ2の右側をおしたときに豆電球がつかないため，アは誤り。

　　　イにかん電池をつないだ場合，スイッチ1の左側，スイッチ2の右側をおしたときと，スイッチ1の右側，スイッチ2の左側をおしたときに豆電球がつくため，イは正しい。

　　　ウにかん電池をつないだ場合，スイッチ1の右側，スイッチ2の左側をおしたときに豆電球がつかないため，ウは誤り。

　　　よって，答えはイである。

(2)　「センサー→3m以内に動くものがある→照明をつける→10秒待つ→」というプログラムと，「10秒待つ→センサー→3m以内に動くものがない→照明を消す」というプログラムがあるものを選べばよい。よって，答えはエである。

5　(1)　直径12cmの円の面積から白い部分の面積を引けば黒くぬられている部分の面積が求められる。直径12cmの円の面積は，6×6×3.14=113.04(cm²)である。白い部分の面積は，半径3cmの半円4つと1辺が3cmの正方形の合計なので，3×3×3.14÷2×4+3×3=56.52+9=65.52(cm²)となる。よって求める面積は，113.04−65.52=47.52(cm²)である。

(2)　赤のタイルは奇数周目で増える。全体のタイルを考えると，1周目はタイルが縦に3行，横に3列並んでいて，2周目は縦に5行，横に5列と，並んでいるタイルは縦と横に2ずつ増えていることがわかる。よって，24周目には，縦に1+24×2=49(行)，横に49列の

タイルが並んでいるとわかる。このとき，一番外側のタイルには青のタイルと白のタイルのみがふくまれている。赤いタイルがふくまれるのは2行目から48行目の偶数行と，2列目から48列目の偶数列である。2行目にふくまれるタイルの数は，白いタイルと赤いタイルが交互に並んでいて，外側のタイルは白いタイルであることから，$(49-1) \div 2 = 24$（枚）である。2行目から48行目の偶数行は，$48 \div 2 = 24$（行）ある。したがって，求める赤いタイルの枚数は，$24 \times 24 = 576$（枚）である。

　別の考え方として，赤のタイルだけに注目してもよい。1周目と2周目は赤のタイルの枚数は同じで，$2 \times 2 = 4$（枚），3周目と4周目も同じで，$4 \times 4 = 16$（枚）となっている。この後も，5周目と6周目が同じ，7周目と8周目が同じ，…となると考えられるため，偶数周目に注目する。6周目では，図4の3周目からさらに上下左右に1列ずつ赤のタイルが増えているので，赤のタイルの枚数は，$6 \times 6 = 36$（枚），8周目ではさらに上下左右に増えて，$8 \times 8 = 64$（枚）となる。ここから，偶数周目のときの赤のタイルの数は，その周目の数を2回かけることで計算できるとわかるので，24周目の赤のタイルは，$24 \times 24 = 576$（枚）となる。

★ワンポイントアドバイス★

正しい知識を身に付けるだけでなく，あたえられた資料をその場で正しく読み取ることができるように練習しておこう。基本的な計算問題は絶対にまちがえないよう，見直しを忘れずに行おう。

< 作文解答例 > 《学校からの解答例の発表はありません。》

（選んだ本の記号：）B

　わたしは人にすすめられた本を読んでみたいです。なぜなら，わたしが興味を持ちそうだと他の人が感じた本を通じて，他人から見た自分の性格や興味を，新しく知ることができると思うからです。

　わたしは昔からおとなしかったため，自分と似た内気な主人公が登場する本ばかり読んでいました。しかし，ある時母に一冊の本をすすめられました。それは元気な主人公がさまざまな世界にぼう険に行くというものでした。読み始めると，これまで好きだった本とはタイプが異なるのにとてもおもしろく，心がわくわくしました。なぜこの本をすすめたのか母に聞くと，いろいろな勉強や活動に興味を持って取り組むわたしの姿が，この主人公と重なったからだと言われました。これまでわたしは，自分をそのような人間だと思ったことがなかったので，うれしく思い，この本を読んでから元気な主人公が活やくする本も読むようになりました。

　このように，人にすすめられた本からは，自分では気づかない一面を発見できます。中学校でも，わたしにおすすめの本を家族や友だちにたずねて，新しい自分を発見していきたいと思います。

○配点○
35点

## ＜作文問題解説＞

（国語：作文）

　中学校生活をじゅう実したものとするために，どのような本を読んでみたいかについて，体験したことや見聞きしたこととつなげながら自分の意見を述べる作文問題である。条件である，四百字以上五百字以内で書くこと，三段落または四段落で書くこと，という２つの点に気をつけて書く。はじめの段落にどのような本を読みたいかとその理由，二～三段落で理由に関係する体験したことや見聞きしたことを書く。最後の段落では，まとめとして改めて自分の意見を述べ，それが中学校生活をじゅう実させることにつながることを主張するとよい。

　読みたい本としてＡを選んだ場合は，現在の世の中で何が必要とされているのかに気づくことができる，という点に着目して書くとよい。例えば，話し方や聞き方に関する本が話題になっている場合，コミュニケーション力が今の世の中では大切だとわかる。よって，中学校生活において，その力をのばすためにさまざまな活動に参加するようにする，ということが考えられる。また，話題になっている本を読むことで，その本が話のきっかけになったり，多くの人と共通の話題になったりするということを書いてもよい。

　Ｂを選んだ場合は，他の人がなぜその本をあなたにすすめたのか，という点に着目して書くとよい。本文の「だれかがあなたに本をすすめるとき，そこにはあなたへの思いがあります。」という内容をふまえると，本の内容とすすめる相手に何らかの共通点がある場合や，面白い物語を共有していっしょに楽しみたいという思いがある場合が考えられる。解答例ではすすめる相手と主人公の性格が似ている場合を取り上げている。その本を読むことを通じて，自分では気づいていなかった，他の人から見た自分の性格を発見できる可能性がある。新たな自分を発見することで，新たなちょう戦につながり，結果的にじゅう実した中学校生活になるだろう。

　Ｃを選んだ場合は，自分の興味を持つ世界が広がることにつながる，という点に着目して書くとよい。例えば，ファンタジー小説ばかりを読んでいた人が，図書館でぐう然手に取った科学の本に夢中になり，科学の世界に興味を持つきっかけとなった，ということが考えられる。中学校生活において，理科の勉強に熱心に取り組むことにつながるだろう。

　いずれの場合も，自分の経験したことや見聞きしたことを具体的に書くよう気をつける。

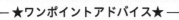

### ★ワンポイントアドバイス★

自分の経験や見聞きしたことを思い出しながら，どのような本を読めば，中学校生活をじゅう実させる行動につながるのかを考えよう。

大切なことはメモしておこうネ！

# 2023年度

★★★★★★★★★★★★★★★★★★★★★★

# 入 試 問 題

# 2023年度

# 県立東桜学館中学校入試問題

【適性検査】（55分）　＜満点：100点＞

（放送台本）

[注]【　　】内は音声として入れない。

　これから放送による適性検査問題を始めます。問題は 1 の１です。聞いている間に，問題用紙にメモを取っても構いません。答えは全て解答用紙に記入してください。
【間２秒】

　それでは，適性検査問題の１ページの 1 を見てください。【間５秒】

1 　美希さんのクラスでは，外国語の時間に「夏休みの思い出」についてＡＬＴのスミス先生と会話をする活動を行いました。

1 　美希さんとスミス先生の会話を聞いて，次の(1)～(3)の問題に答えましょう。

　(1)　美希さんの誕生日はいつでしょう。ア～エの中から一つ選び，記号で書きましょう。

　(2)　美希さんと家族がレストランで食べたものの合計金額はいくらでしょう。メニュー表を見て計算し，数字で書きましょう。

　(3)　美希さんが行ったレストランの場所はどこでしょう。地図のア～カの中から一つ選び，記号で書きましょう。【間３秒】

　　英文は２回読みます。では始めます。【間２秒】

【ALT】　：Hi, Miki.　How was your summer vacation?

【Miki】　：Hello, Mr. Smith.　I went to a restaurant for my birthday with my family.

【ALT】　：Nice!　When is your birthday?

【Miki】　：It's July 29th.　How about you?

【ALT】　：My birthday is August 19th.　What did you eat at the restaurant?

【Miki】　：Look, I have the menu. We ate pizza.　It was delicious.　Do you like pizza?

【ALT】　：Yes.　I like potato pizza.　Did you eat the potato pizza?

【Miki】　：No, we ate one tomato pizza and two corn pizzas.　We ate three salads, too.

【ALT】　：Wow!　Did you eat a cake for your birthday?

【Miki】　：Yes.　We ate one chocolate cake.　It was very good.　Do you like cake?

【ALT】　：Oh, yes.　I love cheese cake!　Where is the restaurant?　I want to go there.

【Miki】　：Look at this map.　This is Sakura station.　Go straight.　Turn right at the second corner.　Go straight for three blocks.　You can see it on your left.

【ALT】　：Thank you, Miki.

【間５秒】くりかえします。【間２秒】（英文を読む）【間７秒】

以上で放送による問題は終わります。次の問題に進んでください。

1 美希さんのクラスでは，外国語の時間に「夏休みの思い出」についてＡＬＴのスミス先生と会話をする活動を行いました。

1 美希さんとスミス先生の会話を聞いて，次の(1)～(3)の問題に答えましょう。

(1) 美希さんの誕生日はいつでしょう。ア～エの中から一つ選び，記号で書きましょう。

ア 7月19日　イ 7月29日　ウ 8月19日　エ 8月29日

(2) 美希さんと家族がレストランで食べたものの合計金額はいくらでしょう。メニュー表 を見て計算し，数字で書きましょう。

メニュー表

| ピザ | | サイドメニュー | | ケーキ | |
|---|---|---|---|---|---|
| コーンピザ | ￥1200 | フライドチキン | ￥300 | チーズケーキ | ￥1800 |
| トマトピザ | ￥1250 | ホットドッグ | ￥350 | チョコレートケーキ | ￥2200 |
| ポテトピザ | ￥1300 | サラダ | ￥500 | いちごケーキ | ￥2400 |

※すべて税こみ価格です。

(3) 美希さんが行ったレストランの場所はどこでしょう。地図 のア～カの中から一つ選び，記号で書きましょう。

地図 ★から出発します

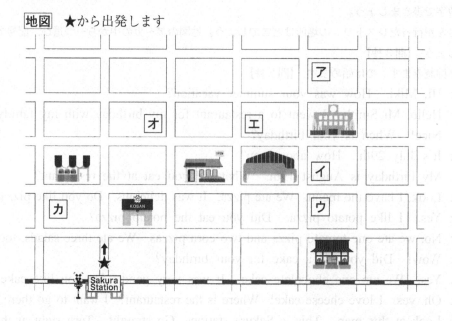

2 学校から帰ってきた美希さんは，スミス先生にケーキを作ってあげようと思いました。そこで，どんなケーキを作るのかについて，お母さんと会話をしています。

お母さん：スミス先生が食べたことのなさそうなケーキを作ってみるのはどうかしら。

美希さん：どんなケーキがいいかな。

お母さん：小麦粉のかわりに米粉を使って作るケーキはどうかしら。

美希さん：米粉ってどんな粉なの。

お母さん：お米を細かくくだいたもので，米粉でケーキを作ると，もちもちとした食感になるのよ。

美希さん：それはいいね。米粉のケーキを作るのに必要な材料を買いに行こう。

(1)　美希さんがスーパーの米粉はん売コーナーに行くと，産地の異なる次の 米粉A と 米粉B が売られていました。

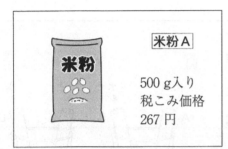

　　美希さんは次の 考え方 で 米粉B を買うことにしました。正しい 考え方 となるように，(ア)にあてはまる数字を書きましょう。

考え方

> 同じ1kgあたりの税こみ価格で比べると，米粉B の方が 米粉A より（　ア　）円安い。

(2)　美希さんは，スーパーで外国から輸入されている商品を多く見かけ，授業で学んだ日本の食料自給率のことを思い出しました。

　　次の グラフ のア～エは，日本の主な食料のうち，米，小麦粉，肉，野菜の食料自給率を表しています。米の食料自給率を表すグラフとして最も適切なものを，ア～エの中から一つ選び，記号で書きましょう。

グラフ　日本の主な食料の食料自給率

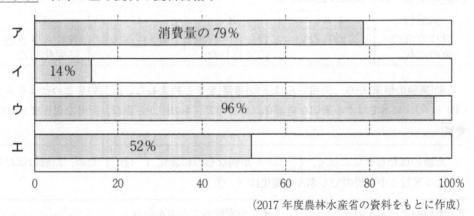

（2017年度農林水産省の資料をもとに作成）

(3)　自宅に帰った美希さんは，お母さんといっしょにケーキを作りました。スミス先生の分として全体の $\frac{1}{4}$ を切り分け，残りを美希さん，お父さん，お母さん，弟の4人で同じ量に分けることにしました。

　　美希さんの分はケーキ全体のどのくらいにあたるのか，分数で表しましょう。

3　美希さんは，小麦粉の代わりに米粉でもケーキを作れることを不思議に思い，米粉と小麦粉の成分をそれぞれ調べました。すると，どちらにも多くのでんぷんがふくまれていることが分かりました。

　　そこで美希さんは，だ液のはたらきによる，米粉と小麦粉のでんぷんの変化にちがいがあるかを調べるために，次の 実験の方法 で実験をしました。

実験の方法

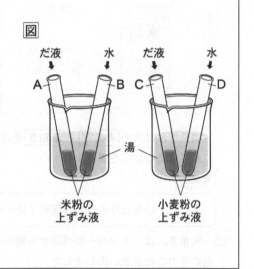

> ［1］ 乳ばちに，米粉と約40℃のお湯を入れてすりつぶし，その上ずみ液を，AとBの試験管に10mLずつ入れる。
>
> ［2］ 乳ばちに，小麦粉と約40℃のお湯を入れてすりつぶし，その上ずみ液を，CとDの試験管に10mLずつ入れる。
>
> ［3］ AとCの試験管にはだ液を入れ，BとDの試験管にはだ液と同じくらいの量の水を入れる。
>
> ［4］ 右の 図 のように，すべての試験管を約40℃のお湯で10分くらい温める。
>
> ［5］ すべての試験管にヨウ素液を入れ，ヨウ素の色の変化を見る。

(1)　下線部について，BとDに入れる水の量を，AとCの試験管に入れるだ液と同じくらいの量にした理由を説明しましょう。

(2)　実験の結果 は次の表のようになりました。

実験の結果　ヨウ素液の色の変化

| 試験管 | A | B | C | D |
|---|---|---|---|---|
| ヨウ素液の色の変化 | 変わらない | 青むらさき色に変化した | 変わらない | 青むらさき色に変化した |

　　この 実験の結果 から，美希さんは下の 考察 をまとめました。正しいまとめとなるように，（①）～（③）にあてはまる適切な言葉を，あとのア～キの中から選び，記号で書きましょう。

考察

> 　　だ液のはたらきによって，（　①　）が別なものに変化（　②　）ため，だ液のはたらきによる米粉と小麦粉のでんぷんの変化は（　③　）。

ア　米粉のでんぷんのみ　　　イ　小麦粉のでんぷんのみ

ウ　米粉と小麦粉両方のでんぷん　　エ　した

オ　しなかった　　　　　　　カ　ちがいがある

キ　ちがいがない

4 美希さんは，ケーキ作りに使った米粉のことをスミス先生に説明したいと思いました。そこで，知り合いの農家の人に米粉や米のことについて質問に行き，次の メモ にまとめました。正しいまとめとなるように，（ A ）～（ C ）にあてはまる適切な言葉の組み合わせを，あとのア～カの中から一つ選び，記号で答えましょう。

メモ

・米粉は水分を吸収（きゅうしゅう）しやすい特徴（とくちょう）があるから，調理法によっていろんな食感が楽しめる。
・日本では，1960 年代から米の（ A ）量が米の（ B ）量を上回ることが増えてきた。
・水田の一部を畑に変えて，大豆などの野菜をつくる（ C ）をしている農家もいるようだ。

ア A：生産　B：消費　C：品種改良　　イ A：消費　B：生産　C：品種改良
ウ A：生産　B：消費　C：輪作　　　　エ A：消費　B：生産　C：輪作
オ A：生産　B：消費　C：転作　　　　カ A：消費　B：生産　C：転作

2 図書委員の正人さんと美保さんは，学校の図書室の利用者を増やしたいと考えました。そこで，学校の近くにある紅花市立図書館（べにばな）に行き，利用者を増やすためにどのような工夫をしているか調べました。あとの１～５の問いに答えましょう。

1 正人さんと美保さんが紅花市立図書館にある特集コーナーを見ながら，気づいたことについて会話をしています。

美保さん：「紅花市の歴史」という特集コーナーがあるよ。

正人さん：特集コーナーの本は目につきやすくて手に取りたくなるね。学校の図書室で特集コーナーを作るとしたら，この前の授業で学習した，①福沢諭吉（ふくざわ ゆきち）の特集はどうかな。

美保さん：そうだね。山形県にゆかりのある②松尾芭蕉（まつお ばしょう）を特集してもいいね。

(1) 下線部①の人物が書いたものとして正しいものを，次のア～エの中から一つ選び，記号で書きましょう。
ア 『吾輩は猫である』（わがはい ねこ）　イ 『解体新書』（かいたいしんしょ）　ウ 『学問のすすめ』（がくもん）　エ 『古事記伝』（こじ きでん）

(2) 下線部②の人物が生きた時代の文化の説明として最も適切なものを，次のア～エの中から一つ選び，記号で書きましょう。
ア 日本風のすみ絵（水ぼく画）（すい）の作品が生み出されたり，書院造（しょいんづくり）と呼ばれる建築様式が広がるなど，現在とつながりが深い文化である。
イ 『曽根崎心中』（そ ね ざきしんじゅう）などの人形浄瑠璃（にんぎょうじょうるり）の作品がつくられるなど，大阪（おおさか）などの町人が中心となり生み出した文化である。
ウ 漢字からできたかな文字を使い，『枕草子』（まくらのそうし）などの文学作品がつくられるなど，美しくはなやかな日本風の文化である。
エ 東大寺（とうだいじ）の大仏がつくられたり，東大寺にある正倉院（しょうそういん）の宝物（ほうもつ）が伝わるなど，大陸との交流によって栄えた中国風の文化である。

2 　正人さんと美保さんは，紅花市立図書館でどんな種類の本が貸し出されているのか興味をもち，係の人から次の 資料1 と 資料2 を見せてもらいました。

資料1 　貸し出された本の種類の割合（わり）

| 種類＼年度 | 2017 | 2018 | 2019 | 2020 |
|---|---|---|---|---|
| 文学 | 32％ | 34％ | 30％ | 27％ |
| 歴史 | 18％ | 19％ | 17％ | 16％ |
| 産業 | 18％ | 18％ | 18％ | 18％ |
| 児童向け | 16％ | 15％ | 22％ | 29％ |
| その他 | 16％ | 14％ | 13％ | 10％ |

（種類は紅花市立図書館の分類による）

資料2 　貸出総数

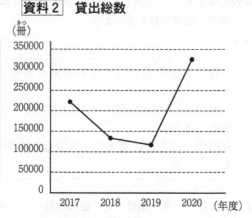

(1) 　 資料1 の表から読み取れることとして正しいものを，次のア～エの中からすべて選び，記号で書きましょう。

ア 　歴史の本の割合を2017～2020年度で比べると，2019年度が一番小さい。

イ 　産業の本は毎年同じ冊数（さっすう）が貸し出されている。

ウ 　文学の本と児童向けの本の割合を足した数値は，2017年度から年々大きくなっている。

エ 　2020年度に貸し出された本の割合が最も大きいものは児童向けの本である。

(2) 　 資料1 と 資料2 を見ながら，正人さんと美保さんが会話をしています。

美保さん：だいたいどの年度でも文学の本の割合が大きいね。

正人さん：2020年度に貸し出された文学の本の割合は，2017年度より減っているから，③文学の本の貸出冊数も減っているよね。

美保さん：それは正しいのかな。 資料2 の貸出総数から調べてみよう。

　　下線部③が正しいのか正しくないのかについて，2017年度の貸出総数が250000冊より少ないことと，2020年度の貸出総数が300000冊より多いことに注目し，数と式を用いて説明しましょう。

3 　美保さんは，紅花市立図書館の係の人から，図書館内の温度管理や，外から入ってくる光の調整に気をつかっていることを聞きました。

(1) 　美保さんは，冬の朝に学校の図書室が寒かったことを思い出しました。そこで，図書室全体をなるべく早くあたためるためのエアコンの使い方について，紅花市立図書館の係の人から聞き，次の メモ にまとめました。（ A ）にあてはまる適切な言葉を書きましょう。

メモ

　あたためられた空気は（ 　A 　）へ動くので，冬はエアコンのふき出し口の向きを工夫して，図書室全体をあたたかくなるようにしている。

(2) 　美保さんは，紅花市立図書館の係の人から，直射（しゃ）日光が本にあたり本がいたまないよう，本の配置を工夫しているということを聞きました。

　　そこで，学校の図書室で直射日光がどのように図書室に差しこむかを調べるために，次の

実験の方法 で実験をしました。

実験の方法

[1] 右の 図 のように，方角を記した記録用紙にストローを立て，西向きの窓のそばにおく。

[2] 午後1時，午後2時，午後3時に記録用紙にできたストローのかげをペンでなぞる。

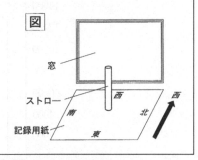

図

窓
ストロー
記録用紙
西 北 南 東 西

この実験の結果を表した記録用紙を真上から見た時，最も適切な記録用紙を次の**ア～エ**の中から一つ選び，記号で書きましょう。

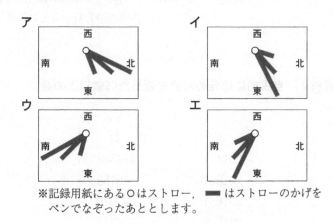

ア 西 南 北 東

イ 西 南 北 東

ウ 西 南 北 東

エ 西 南 北 東

※記録用紙にある〇はストロー，■■はストローのかげをペンでなぞったあととします。

4 正人さんと美保さんは，紅花市立図書館の新聞コーナーを参考に，自分の学校でも新聞記事をしょうかいするコーナーをつくることにしました。

新聞を整理していると，次の 新聞記事の一部 が目に留まりました。

新聞記事の一部

紅花市では，自動運転※で紅花市内を運行するタクシーを利用した社会実験を行った。自動運転によるタクシーを，市民の新たな交通手段として活用することを目指している。

※システムが運転すること。

新聞記事の一部 の下線部について，新たな交通手段の活用が求められている理由を，次のページの 資料1 と 資料2 から読み取れる内容をもとにして説明しましょう。

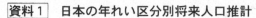

資料１ 日本の年れい区分別将来人口推計

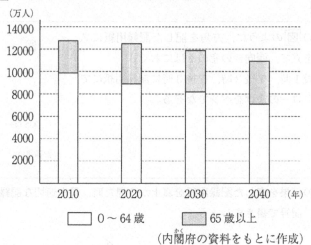

（万人）

□ 0～64歳　　■ 65歳以上

（内閣府の資料をもとに作成）

資料２ 自主的に運転めん許を返した65歳以上の数

単位：件

| 年 | 件　数 |
|---|---|
| 2014 年 | 197522 |
| 2015 年 | 270159 |
| 2016 年 | 327629 |
| 2017 年 | 404817 |
| 2018 年 | 406517 |
| 2019 年 | 575559 |

（運転めん許統計をもとに作成）

5　正人さんと美保さんは，図書便りにのせる特集コーナーのしょうかい文を作ることにしました。正人さんは，はじめに しょうかい文Ａ を書きましたが，美保さんからのアドバイスをいかし， しょうかい文Ｂ のように書き直しました。正人さんが美保さんからもらったアドバイスとして最も適切なものを，あとのア～エから一つ選び，記号で書きましょう。

しょうかい文Ａ

　　図書室では毎月，図書委員がおすすめする作家や有名人の特集コーナーを設置することにし，今月は，「宮沢賢治」の特集で，「宮沢賢治」が書いた本や，同じ時代に生きた作家の本などをかざっています。みなさんに興味をもってもらい，たくさんの本を読んでもらえるよう，いろいろな人を特集するので，ぜひ図書室に来てください。

しょうかい文B

> 　図書室では毎月，図書委員がおすすめする作家や有名人の特集コーナーを設置することにしました。今月は，「宮沢賢治」の特集です。「宮沢賢治」が書いた本や，同じ時代に生きた作家の本などをかざっています。みなさんに興味をもってもらい，たくさんの本を読んでほしいと思っています。いろいろな人を特集するので，ぜひ図書室に足を運んでみてください。

ア　本の良さが伝わるように，たとえや比ゆを使った方がよい。

イ　やわらかい印象になるように，文末を「です。」「ます。」にした方がよい。

ウ　特集する作家に興味をもってもらえるように正人さんの体験を書いた方がよい。

エ　文の意味を分かりやすくするために，一文の長さを短くした方がよい。

3　桜子さんの学年では，総合的な学習の時間に紅花市立科学館に行きました。あとの1～4の問いに答えましょう。

1　紅花市立科学館には，「フーコーのふりこ」という大きなふりこがあります。桜子さんと秋代さんが，運動するフーコーのふりこを見ながら会話をしています。

桜子さん：とても大きなふりこだね。ふりこの長さは約20mだそうだよ。

秋代さん：理科の授業のふりこの実験で使ったようなたこ糸ではなくて，銅と鉄でできた金属線でおもりをつり下げているね。

桜子さん：つり下げられているおもりの重さは32kgだって。

秋代さん：おもりが重いから金属線でつり下げているのね。

桜子さん：このフーコーのふりこの1往復にかかる時間は，変化することがあるのかな。

秋代さん：金属線でおもりをつり下げているので，気温が大きく変化すると，ふりこの1往復にかかる時間がわずかに変化することがあるそうだよ。

(1)　会話中の下線部について，変化の様子とその理由が，次の 説明 に書かれています。（A），（B）にあてはまる適切な言葉の組み合わせを，次のア～エの中から一つ選び，記号で書きましょう。

説明

> 　気温が下がると金属線の長さが（　A　）なるため，1往復にかかる時間が（　B　）なる。

ア　A　短く　　B　短く

イ　A　短く　　B　長く

ウ　A　長く　　B　短く

エ　A　長く　　B　長く

(2)　桜子さんと秋代さんは，おもりの重さが変わっても1往復にかかる時間が変化しないことを確かめるために，紅花市立科学館の実験コーナーで，次のページの 実験の方法 で実験をしました。しかし結果は，2つのふりこの1往復にかかる時間が異なりました。このような結果になる理由を説明しましょう。

実験の方法

[1]　右の図のように，同じ大きさのペット
　　　ボトルの中に水を入れておもりとした，
　　　2つのふりこを用意する。
[2]　アのふりこのペットボトルには500mL
　　　の水を，イのふりこのペットボトルには
　　　250mLの水を入れる。
[3]　同時にふりこを動かし，運動の様子を
　　　観察する。

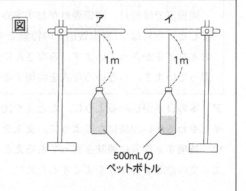

2　三郎さんの班は，光の実験コーナーに行きました。光の実験コーナーでは，色がついた半とう明のシートを重ね合わせたとき，何色に見えるのかを実験することができます。三郎さんたちが，どちらも1辺の長さが6cmの正方形である青色の半とう明の シートA と，黄色の半とう明の シートB を1枚ずつ使って実験したところ，重ね合わせた部分は緑色に見えました。

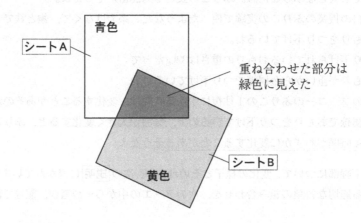

　三郎さんが次の 条件 でシートを重ね合わせたとき，緑色に見える部分の面積は何cm²ですか，書きましょう。

条件

シートB の1つの頂点を， シートA の対角線の交点に重ねる。

3　春夫さんと健司さんは，もののとけ方を調べるコーナーでボランティアスタッフが出すクイズにちょう戦しました。ボランティアスタッフは，次のページの 図1 と 図2 を春夫さんと健司さんに見せました。

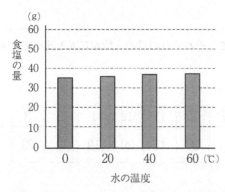

図1 水の温度と水 100 mLにとける食塩の量との関係

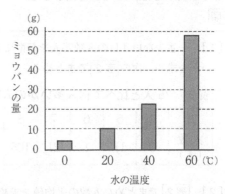

図2 水の温度と水 100 mLにとけるミョウバンの量との関係

(1) クイズは、シャーレの上に取り分けてある食塩とミョウバンを、実験で見分ける方法を考える問題です。（ A ）、（ B ）にあてはまる適切な言葉の組み合わせを、あとの**ア**～**エ**の中から一つ選び、記号で答えましょう。

> （ A ）℃の同量の水に、食塩とミョウバンをそれぞれ少しずつ加えてとかそうとしたとき、より多くとけるほうが（ B ）である。

**ア** A：0　　B：ミョウバン　　　**イ** A：20　　B：食塩
**ウ** A：40　　B：ミョウバン　　　**エ** A：60　　B：食塩

(2) 春夫さんがビーカーの中にある60℃のお湯100mLに、60 gのミョウバンをとかそうとしたところ、一部がとけ残りました。

　　次は春夫さん、健司さん、ボランティアスタッフの会話の一部です。

ボランティアスタッフ：とけ残ったミョウバンをとかすにはどうすればいいと思いますか。

春 夫 さ ん：水の量を増やせば、ミョウバンはとけるのではないかな。

ボランティアスタッフ：それでは、水を200mL加えます。どうなりましたか。

健 司 さ ん：水の量を増やせば、とけ残ったミョウバンは全てとけると思ったのに、逆にミョウバンが出てきたよ。

　　ボランティアスタッフがビーカーに水を200mL加えると、とけ残ったミョウバンはとけず、すでにとけていたミョウバンが再び出てきました。このような結果になった理由を説明しましょう。

4　桜子さんのクラスは、学校にもどってからふり返りをしています。

　　桜子さんと秋代さんの班では、紅花市立科学館で活動していたボランティアスタッフの人数についてまとめようと考えました。次の 表1 は桜子さんが聞いてきた、昨年度の月ごとのボランティアスタッフの人数です。

表1　ボランティアスタッフの人数

| 月 | 4 | 5 | 6 | 7 | 8 | 9 | 10 | 11 | 12 | 1 | 2 | 3 |
|---|---|---|---|---|---|---|---|---|---|---|---|---|
| 人数（人） | 75 | 86 | 76 | 96 | 180 | 88 | 95 | 92 | 95 | 94 | 89 | 98 |

(1) 昨年度の月ごとのボランティアスタッフの人数について，1年間の平均値を求めるために，桜子さんは次の 手順 のように考えました。

手順

[1] 一番少ない4月の人数75人を基準にして，それぞれの月の人数が75人と比べて何人多いかを求め，次の 表2 でまとめる。

表2 75人と比べて何人多いかの人数

| 月 | 4 | 5 | 6 | 7 | 8 | 9 | 10 | 11 | 12 | 1 | 2 | 3 |
|---|---|---|---|---|---|---|----|----|----|---|---|---|
| 人数<br>（人） | 0 | 11 | 1 | 21 | 105 | 13 | 20 | 17 | 20 | 19 | 14 | 23 |

[2] 表2 でまとめた人数の平均値を求める。

$(11+1+21+105+13+20+17+20+19+14+23)=264$

$\underline{264 \div 11 = 24}$

[3] [2]で求めた平均値に基準の75人を足すと，平均値が求められる。

$75 + 24 = 99$

ところが，桜子さんは 手順 を読み返し，下線部の式が誤っていることに気づきました。正しい式と答えに直し，直した式になる理由を書きましょう。

(2) 表1 を見ながら，桜子さんは次のように考えました。

桜子さんの考え

　7月のボランティアスタッフは96人で，平均値より小さいので，1年間の中で7月はボランティアスタッフの人数が少ない月だ。

桜子さんの考え に対し，秋代さんは，平均値を求めずに，1年間の中で7月はボランティアスタッフの人数が多い月だと考えました。秋代さんがこのように考えた理由を， 表1 を利用して説明しましょう。

(3) 春夫さんの班は，紅花市立科学館で一番面白かった実験はどれだったのかを，同じ学年の児童80人に調査し，人数の多い順に次の 表 にまとめました。

表

| 実験の種類 | ①光の実験 | ②ふりこの実験 | ③もののとけ方の実験 | ④電池の実験 | 合計 |
|---|---|---|---|---|---|
| 人数 | 32人 | 20人 | 16人 | 12人 | 80人 |

この 表 の結果を次のページの 例 のように 円グラフ に書きましょう。ただし円の中心と0 (100)％を結んだ線から右回りに①，②，③，④とします。

例

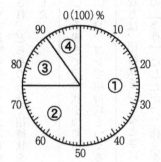

円グラフ

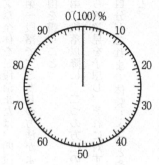

【作 文】 （四〇分） 〈満点：三五点〉

正樹さんたちは、学校行事に地域の人たちを招きたいと思い、招待状をつくってお知らせすることにしました。招待状をつくる方法が提案され、どちらの方法で招待状をつくるかを学級会で話し合うことにしました。

○ 手書きで招待状をつくる
○ パソコンで招待状をつくる

あなたは、招待状をつくるときに、どちらの方法がよいと考えますか。あとの【条件】にしたがって作文を書きましょう。

【条件】

・四百字以上、五百字以内で書くこと。
・文章全体を三段落または、四段落で書くこと。
・第一段落で、どちらの方法がよいと考えるか、自分の立場とその理由を書くこと。
・第二段落以降に、二つの方法のうち、自分の立場とはちがう立場からの意見を予想し、それに対する自分の意見を書くこと。
・自分がこれまで体験したことや見聞きしたことをふくめて書くこと。
・数字を書く場合には、漢数字で書くこと。

# 2023 年 度

## 解 答 と 解 説

＜適性検査解答例＞

1　1　(1)　イ
　　　　(2)　7350(円)
　　　　(3)　イ
　　2　(1)　163(円)
　　　　(2)　ウ
　　　　(3)　$\frac{3}{16}$
　　3　(1)　実験の条件をそろえるため。
　　　　(2)　①　ウ　　②　エ　　③　キ
　　4　オ

2　1　(1)　ウ
　　　　(2)　イ
　　2　(1)　ウ，エ
　　　　(2)　文学の本の貸出冊数は，2017年度は250000×0.32＝80000冊より少ないが，
　　　　　　2020年度は300000×0.27＝81000冊より多いことが言えるから正しくない。
　　3　(1)　Ａ　上
　　　　(2)　イ
　　4　65歳以上の人の割合が増加するなかで，自主的に運転めん許を返す数が増えているの
　　　　で，交通手段を失う人が増えていくことが予想されるから。
　　5　エ

3　1　(1)　ア
　　　　(2)　２つのふりこでおもりの重さの中心がちがい，ふりこの長さが異なることになる
　　　　　　から。
　　2　9(cm²)
　　3　(1)　イ
　　　　(2)　水を加えたことで温度が下がったから。
　　4　(1)　正しい式と答え　　264÷12＝22
　　　　　　理由　平均値を求めるときは，データ数の12で割らないといけないから。
　　　　(2)　表1のデータを大きさの順に並べた時，96は大きい方から３番目にあるから。

**(3)**

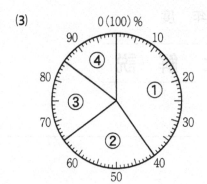

○配点○

① 1(1)・(2)・2(1)・(2)　各3点×4

　1(3)・2(3)・3(1)・4　各4点×4　　　3(2)　完答4点

② 1(1)　3点

　1(2)・2(1)・3・5　各4点×5

　2(2)・4　各5点×2

③ 1(1)・3・4(1)・4(3)　各4点×5

　1(2)・2・4(2)　各5点×3　　　　計100点

## ＜適性検査解説＞

① （英語・算数・社会・理科：リスニング，四則計算，地図を読む，日本の食料自給率，農業，実験の手順，消化のはたらき）

　1　(1)　ＡＬＴが美希さんの誕生日をたずねている会話に注目すると，美希さんの誕生日は"July 29th"であることがわかる。ＡＬＴの誕生日も２人の会話に出てくるので，質問した人物と答えている人物に注意して解答する。

　　(2)　美希さんと家族が食べたものについて発言している部分は，"we ate one tomato pizza and two corn pizzas. We ate three salads, too."と，"We ate one chocolate cake."の２か所である。ここから，トマトピザが１枚，コーンピザが２枚，サラダが３つ，チョコレートケーキが１つとわかるので，それらの金額を合計すればよい。

　　(3)　レストランの場所は，"This is Sakura station. Go straight. Turn right at the second corner. Go straight for three blocks. You can see it on your left."と説明されている。この説明のとおりに地図を見ると，レストランの場所は**イ**となる。

## ＜放送全文（日本語訳）＞

【ＡＬＴ】: Hi, Miki. How was your summer vacation?

【Ｍｉｋｉ】: Hello, Mr.Smith. I went to a restaurant for my birthday with my family.

【ＡＬＴ】: Nice! When is your birthday?

【Ｍｉｋｉ】: It's July 29th. How about you?

【ＡＬＴ】: My birthday is August 19th. What did you eat at the restaurant?

【Ｍｉｋｉ】: Look, I have the menu. We ate pizza. It was delicious. Do you like pizza?

【ＡＬＴ】: Yes. I like potato pizza. Did you eat the potato pizza?

【Ｍｉｋｉ】: No, we ate one tomato pizza and two corn pizzas. We ate three salads, too.

【ＡＬＴ】: Wow! Did you eat a cake for your birthday?

【Ｍｉｋｉ】: Yes. We ate one chocolate cake. It was very good. Do you like cake?

【ＡＬＴ】: Oh, yes. I love cheese cake! Where is the restaurant? I want to go there.

【Ｍｉｋｉ】: Look at this map. This is Sakura station. Go straight. Turn right at the second corner. Go straight for three blocks. You can see it on your left.

【ＡＬＴ】: Thank you, Miki.


ＡＬＴ：こんにちは，美希。夏休みはどうでしたか。

美希　：こんにちは，スミス先生。家族と私の誕生日のためにレストランへ行きました。

ＡＬＴ：いいですね！あなたの誕生日はいつですか。

美希　：7月29日です。あなたはいつですか。

ＡＬＴ：私の誕生日は8月19日です。レストランでは何を食べましたか。

美希　：見てください。私はメニューを持っています。私たちはピザを食べました。
　　　　とてもおいしかったです。ピザは好きですか。

ＡＬＴ：はい。私はポテトピザが好きです。ポテトピザは食べましたか。

美希　：いいえ，私たちはトマトピザを1つと，コーンピザを2つ食べました。3つのサラダも食べました。

ＡＬＴ：わぁ！　誕生日ケーキは食べましたか。

美希　：はい。私たちはチョコレートケーキを1つ食べました。とてもおいしかったです。ケーキは好きですか。

ＡＬＴ：はい。私はチーズケーキが大好きです！　そのレストランはどこにありますか？
　　　　そこに行ってみたいです。

美希　：この地図を見てください。これがさくら駅です。まっすぐ進みます。2つ目の角で右に曲がります。3つのブロックをまっすぐ進みます。あなたの左にレストランが見えます。

ＡＬＴ：ありがとう，美希。


2　(1)　米粉Ａの1kgあたりの価格は，267×2＝534(円)，米粉Ｂは1kgで371円である。よって，534－371＝163(円)であるから，米粉Ｂのほうが，米粉Ａより163円安い。

　　(2)　安い外国産の食品が輸入されるようになり，日本の食料自給率は低いが，米の食料自給率は現在も高いことを覚えておきたい。アは野菜，イは小麦，ウは米，エは肉の食料自給率をそれぞれ表している。

　　(3)　スミス先生の分を切り取ったあとのケーキは，$\frac{3}{4}$となる。これを，さらに4人で同じ大きさに分けるので，美希さんの分のケーキは，$\frac{3}{4} \times \frac{1}{4} = \frac{3}{16}$となる。

3　(1)　実験では，確かめたいこと以外の条件は必ず同じにする必要がある。「試験管に入れた液体の量をそろえるため。」も正答とする。

　　(2)　ヨウ素液は，でんぷんに反応して青むらさき色に変化するよう液である。だ液を入れていない試験管ＢとＤはヨウ素液の色が変化したことから，米粉と小麦粉の両方にでんぷんがふくまれていることがわかる。だ液を入れた試験管ＡとＣはヨウ素液の色が変化しなかったことから，どちらもだ液によってでんぷんが別のものに変化したことがわかる。

4　日本の米の消費量は低くなってきている。よって，**A**には生産量，**B**には消費量があてはまる。また，メモの内容から**C**には転作があてはまる。

②　（社会・理科・算数：文化，表の読み取り，空気のじゅんかん，太陽の動き，文章の構成）

1　(1)　それぞれ作者は，**ア**：夏目漱石，**イ**：杉田玄白・前野良沢，**エ**：本居宣長である。

　　(2)　それぞれの時代の出来事だけではなく，文化も覚えておく。松尾芭蕉は江戸時代の俳人である。代表作は『奥の細道』。**ア**は室町時代，**イ**は江戸時代，**ウ**は平安時代，**エ**は奈良時代の説明である。

2　(1)　**ア**　歴史の本の割合はそれぞれ2017年18％，2018年19％，2019年17％，2020年16％であり，2020年が一番小さいので誤り。

　　　　**イ**　産業の本が貸し出された割合は毎年同じであるが，資料1だけでは貸出総数がわからないため，冊数の判断はできないので誤り。

　　　　**ウ**　文学の本と児童向けの本の割合を足した数値は2017年から順に，48％，49％，52％，56％と年々大きくなっているので正しい。

　　　　**エ**　2020年度に貸し出された本の割合はそれぞれ，文学27％，歴史16％，産業18％，児童向け29％，その他10％で，児童向けが一番大きいので正しい。

　　(2)　2つの資料を読み取り，それぞれの年の貸出冊数を求める。

3　(1)　あたたかい空気は軽く，冷たい空気は重いことをおさえておく。「天じょうのほう」も正答とする。

　　(2)　太陽は，東から南を通って西へ動くことと，窓と用紙の位置関係を合わせて考える。

4　資料1からは，日本の人口が少なくなっていくことと，65歳以上の人口は将来的にあまり変化しないことが読み取れる。ここから，65歳以上の人の割合が増加していくと考えられる。資料2からは，自主的に運転めん許を返した65歳以上の数が年々増えていることが読み取れる。これらを合わせると，交通手段を失う人々が増えると予想されていることがわかる。解答らんの大きさが十分にあるので，根きょとなる資料から読み取れる情報も書いておくとよい。

5　しょうかい文Aとしょうかい文Bを比べると，一文の長さが短くなっていることがわかるので正解は**エ**。たとえや比ゆは使われていないので**ア**は誤り。どちらの文も文末は「です。」「ます。」となっているので**イ**も誤り。正人さんの体験は書かれていないので**ウ**も誤り。

③　（理科・算数：金属の性質，ふりこ，図形の重なり，もののとけ方，データの活用）

**基本**

1　(1)　金属は温度が低くなると縮み，高くなるとのびる。ふりこの1往復にかかる時間は長さが短いと短くなる。

　　(2)　**ア**と**イ**でペットボトルの空どう部分の長さがちがうことに注目する。

2　シートBの頂点がシートAの対角線の交点に重なっている時，重ね合わせた部分の形に関わらずその面積は一定である。シートAの2つの頂点とシートBの2つの辺が重なるとき，重なる部分の形は三角形となる。シートの1辺の長さは6cm，三角形の頂点は対角線の交点であることから，この三角形は底辺が6cm，高さが3cmである。

3　(1)　図から100mLの水にとける食塩，ミョウバンの量を正しく読み取り，問題文にあった組み合わせを選ぶ。

　　　　**ア**　0℃の100mLの水に食塩は約35g，ミョウバンは約5gとける。同じ温度の同量の水にそれぞれをとかしたとき，より多くとけるのは食塩なので誤り。

　　　　**イ**　20℃の100mLの水に食塩は約36g，ミョウバンは約10gとける。同じ温度の同量の水

にそれぞれをとかしたとき，より多くとけるのは食塩なので正しい。

**ウ** 40℃の100mLの水に食塩は約37g，ミョウバンは約23gとける。同じ温度の同量の水にそれぞれをとかしたとき，より多くとけるのは食塩なので誤り。

**エ** 60℃の100mLの水に食塩は約38g，ミョウバンは約58gとける。同じ温度の同量の水にそれぞれをとかしたとき，より多くとけるのはミョウバンなので誤り。

**やや難** (2) 図2からミョウバンは水の温度によってとける量が大きく変化することがわかる。このことから，すでにとけていたミョウバンが再び出てきたのは，水を加えたことによって温度が下がったからだと考えられる。

**基本** 4 (1) 平均の求め方を復習しておこう。

(2) 7月はボランティアスタッフの人数が「多い」月と考えられていることをもとに，どのようにデータを整理するか考える。

(3) それぞれの実験の，面白かったと回答した児童の割合を求めればよい。

① 光の実験　　　　　　32÷80＝0.4→40(%)

② ふりこの実験　　　　20÷80＝0.25→25(%)

③ もののとけ方の実験　16÷80＝0.2→20(%)

④ 電池の実験　　　　　12÷80＝0.15→15(%)

円の中心と0(100)％を結んだ線から右回りに①，②，③，④となるようにグラフをかくことに注意する。

―★ワンポイントアドバイス★―

正しい知識を身につけるだけでなく，与えられた資料をその場で正しく読み取ることができるように練習しておこう。きそ的な計算問題は絶対に間違えないよう，見直しをわすれずに行おう。

＜作文解答例＞ 《学校からの解答例の発表はありません。》

　私は，パソコンで招待状をつくる方法がよいと考えます。理由は二つあります。

　まず，見やすくわかりやすい招待状をつくれるからです。パソコンで文字を入力すれば，大きくくっきりと印刷することができ，お年寄りの人も見やすいものがつくれます。二つめの理由は，電子メールでも招待状が送れるからです。地域の人の中には仕事でいそがしい人もいて，直接わたしたり，返事の手紙を書いてもらったりするのが難しい場合があります。私は以前，町内会長さんに電子メールで連らくをしたとき，「夜にゆっくり確にんできてよかった」と言われました。このように，電子メールを使えばいつでもどこでも手軽に招待状を見られます。

　一方で，パソコンより手書きのほうが心がこもっていると感じる人もいるかもしれません。しかし，パソコンでも時間をかければ，心のこもった招待状がつくれます。大切なのはどんな方法でつくるかではなく，相手の人のことを考えてつくることです。パソコンでも，受け取る人の気持ちを考えてつくれば，よい招待状がつくれると思います。

　これらの理由から，私はパソコンで招待状をつくる方法が手書きよりよいと考えます。

〇配点〇

35点

## <作文問題解説>

**(国語：作文)**

　地域(ちいき)の人たちを学校行事に招くための招待状を作成する方法として，手書きかパソコンのいずれかを選び，なぜその方法がよりよいと考えるのか，自分の意見を述べる作文問題である。三段落，または四段落で構成する。はじめの段落に自分の選んだ招待状の作成方法を書き，その作成方法がいいと思う理由やその方法を選んだことに関連する自らの体験談を次の段落に書く。三段落目以降(いこう)には，自分とはちがう作成方法を選ぶ立場からの反論(はんろん)意見と，その反論意見に対する自らの意見を書いて考えを補強(ほきょう)し，最後に自分が選ぶ方法に関しての主張を再度述べるとよい。

　パソコンを用いる作成方法を選んだ場合は，わかりやすく読みやすい招待状が作成できることや電子メールを使って簡単(かんたん)に送ることができることなど，電子機器を用いて作成することの利点について具体的に述べる。手書きの作成方法を選んだ場合は，手で書いた文字の方が心がこもっていると感じることや，手がきのイラストをそえることで自分ならではの温かみのある招待状を作成できることなど，自分の手で一枚ずつ書くことのよさについて具体的に述べる。

---

### ★ワンポイントアドバイス★

年賀状や手紙・メールの作成など，自分の身近な経験を思い出しながら，より考えがまとめやすい作成方法の立場を選ぶとよい。

自分の立場の考えだけではなく，反対の立場からの意見も予想して書く必要があるため，書きたいことや立場を整理してから取りかかることが大切である。

# 2022年度

★★★★★★★★★★★★★★★★★★★★★★

# 入 試 問 題

## 2022年度

# 県立東桜学館中学校入試問題

【適性検査】 （55分）　　＜満点：100点＞

（放送台本）

[注]【　　】内は音声として入れない。

　これから放送による適性検査問題を始めます。問題は，1の1です。聞いている間に，問題用紙にメモを取っても構いません。答えは全て解答用紙に記入してください。

【間2秒】

　それでは，適性検査問題の1ページの1を見てください。【間5秒】

1　勇太さんと花子さんの学級では，総合的な学習の時間に，「国際交流」を目的として，シンガポールの小学生であるエミリーさんと，オンラインで交流しました。

1　勇太さんとエミリーさんのオンラインでの会話を聞いて，次の(1)～(3)の問題に答えましょう。なお，答えはそれぞれア～エの中から一つずつ選び，記号で書きましょう。

(1)　会話が始まったときのシンガポールの時刻を示す時計はどれでしょう。

(2)　勇太さんが，お気に入りの場所で，春と秋に楽しむことができると言っていることの組み合わせはどれでしょう。

(3)　勇太さんがエミリーさんに見せた写真はどれでしょう。【間3秒】

　　英文は2回読みます。では始めます。【間2秒】

【Yuta】　　：Hello.　My name is Yuta.　I live in Yamagata in Japan.　Nice to meet you, Emily.

【Emily】　　：Nice to meet you too, Yuta.　What time is it in Japan now?

【Yuta】　　：It's 10:50 here.

【Emily】　　：I see.　It's 9:50 in Singapore.　Yuta, what is your favorite place in your city?

【Yuta】　　：Look at this picture.　This is my favorite place.

【Emily】　　：Oh, I can see a beautiful park.

【Yuta】　　：Yes, this is a famous park in my city.　In spring, we can enjoy watching many birds here.　In summer, we can see beautiful flowers. I like the music festival in fall.　It's fun! We enjoy skating in winter.

【Emily】　　：Great!　Who is the girl in the picture?

【Yuta】　　：She is my sister Harumi.　She is good at badminton.

【Emily】　　：Nice.　Oh, I can see many flowers in the picture.　Do you know the name?

【Yuta】　　：Yes, it's *benibana*.　We can see it in July.

【Emily】　　：*Benibana*?　It's beautiful!

【間5秒】くりかえします。【間2秒】（英文を読む）【間7秒】

以上で放送による問題は終わります。次の問題に進んでください。

1　勇太さんと花子さんの学級では，総合的な学習の時間に，「国際交流」を目的として，シンガポールの小学生であるエミリーさんと，オンラインで交流しました。

1　勇太さんとエミリーさんのオンラインでの会話を聞いて，次の(1)～(3)の問題に答えましょう。なお，答えはそれぞれア～エの中から一つずつ選び，記号で書きましょう。

(1)　会話が始まったときのシンガポールの時刻を示す時計はどれでしょう。

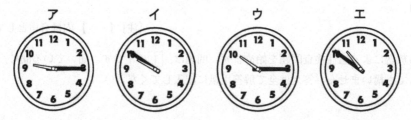

(2)　勇太さんが，お気に入りの場所で，春と秋に楽しむことができると言っていることの組み合わせはどれでしょう。

　　ア　春：たくさんの鳥を見ること　　秋：バドミントン
　　イ　春：美しい花を見ること　　　　秋：音楽祭
　　ウ　春：美しい花を見ること　　　　秋：バドミントン
　　エ　春：たくさんの鳥を見ること　　秋：音楽祭

(3)　勇太さんがエミリーさんに見せた写真はどれでしょう。

2　花子さんは，エミリーさんに，紅花についてくわしく伝えたいと思い，資料をもとに紅花の生産の歴史を調べ，次の　メモ1　のようにまとめました。あとの問いに答えましょう。

メモ1

　・山形県での紅花の生産は，約450年前に始まった。

・紅花から取り出した「唐紅」という色は貴重だった。
・①山形県での紅花の生産は，江戸時代末期が最も盛んであり，その時期の山形県の生産量は，全国の生産量の約50％をしめていた。
・山形県で生産された紅花は，最上川を利用して酒田港に集められ，②酒田港から船で運ばれた。

(1) 下線部①について，「山形県では，年間1550駄の紅花が生産されていた」という資料を見つけました。「駄」は江戸時代に用いられていた重さの単位です。「1駄＝120kg」とすると，「1550駄」は何kgですか，答えましょう。

(2) 下線部②について，花子さんは，船で運ばれた紅花が，近畿地方の「ある都市」へ届けられ，使われていたことを知りました。次の メモ2 は「ある都市」についての情報をまとめたものです。「ある都市」がふくまれる都道府県名を漢字で書きましょう。また，その都道府県の位置を，地図 中のア〜エの中から一つ選び，記号で書きましょう。

メモ2

・平安京が置かれていた。
・室町幕府が開かれていた。
・友禅染が有名であり，現在も染物が盛んである。

地図

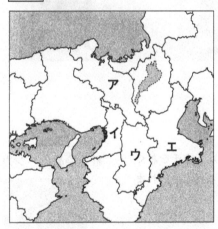

(3) 花子さんは，江戸時代に紅花が絵の具の材料として使われていたことを知り，当時の文化について，調べたことを メモ3 のようにまとめようとしています。正しいまとめとなるように（Ａ）にあてはまる言葉を次のページの＜言葉＞のア〜エの中から一つ選び，記号で書きましょう。また，（Ａ）にあてはまる言葉を表す資料として，最も適切なものを次のページの＜資料＞のア〜エの中から一つ選び，記号で書きましょう。

メモ3

　江戸時代になり，平和が続き社会が安定するにともなって，江戸や大阪が大いににぎわいました。江戸や大阪では，武士以外の人々の中にも，文化や学問に親しむ人が現れるようになりました。

> 特に多色刷りでえがいた（　Ａ　）は人々の楽しみの一つでした。

**＜言葉＞**
　ア　浮世絵　イ　絵巻物　ウ　大和絵　エ　すみ絵

**＜資料＞**

ア

イ

ウ

エ

3　勇太さんと花子さんは，エミリーさんに紅花染めのハンカチをおくりたいと考え，紅花の生産と紅花染めをおこなっている農家を訪れました。あとの問いに答えましょう。

**紅花染めのハンカチ**

(1)　勇太さんは，紅花を生産している農家の山本さんと，紅花を見ながら，紅花についている虫について話をしました。次は，その内容の一部です。

勇太さん：紅花に虫がついていますよ。

山本さん：これは，ヒメハナカメムシといい，アブラムシを食べる虫です。アブラムシが紅花につくと，紅花はかれてしまうので，③ヒメハナカメムシがついているおかげで，紅花は，かれずにすむのです。

勇太さん：なるほど。ヒメハナカメムシの働きは重要ですね。

　　下線部③について，山本さんの話をもとに，紅花がかれずにすむ理由を説明した次の文の 　　　 にあてはまる言葉を書きましょう。

　**ヒメハナカメムシがついていると，** 　　　　　　　　　　　　 **から，紅花は，かれずにすむ。**

(2)　花子さんは，紅花染めをするとき，色の成分を紅花から取り出すために，粉末の薬品を水にとかす作業を見て，もののとけ方について授業で学んだことを思い出しました。

　　ものが水にとけることの説明として，まちがっているものを次の**ア〜エ**の中から一つ選び，記号で書きましょう。

　**ア**　決まった量の水にものがとける量は，限りがある。

　**イ**　ものが水にとける量は，水の温度によってちがう。

　**ウ**　ものが水にとける量は，水にとけるものの種類によってちがう。

　**エ**　ものが水にとけると，水にとけたものの重さはなくなる。

(3)　勇太さんは，紅花染めの模様を見て，授業で学んだ「対称な図形」を思い出し，家に帰ってから，折り紙を使って，　図　の①〜④の手順で模様を作りました。　図　の④の模様を作るとき，③を切り取ったあとの形として最も適切なものを，あとの**ア〜エ**の中から一つ選び，記号で書きましょう。

　図

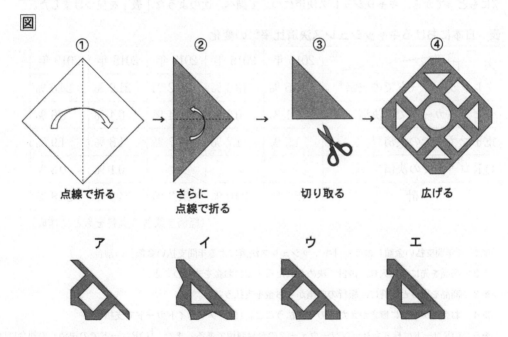

4　勇太さんは，ここまでの　活動の感想　をまとめています。正しいまとめとなるように（**A**），（**B**）にあてはまる適切な言葉の組み合わせを，あとの**ア〜エ**の中から一つ選び，記号で書きましょう。

　活動の感想

　　私は，オンラインでの交流を通して，とても貴重な経験をしました。

　　はじめは，何を伝えてよいかわかりませんでした。

　　（　**A**　），自分の住む地域についていろいろ調べてみると，今まで知らなかったことがよく
わかりました。

　　（　**B**　），紅花の歴史を調べたり，紅花染めを体験したりして，山形の紅花についてくわし
く知ることができました。

　　エミリーさんに伝えたいことをたくさん見つけたので，次の交流が楽しみです。

**ア　A** たとえば　　**B** なぜなら
**イ　A** でも　　　　**B** たとえば
**ウ　A** でも　　　　**B** だから
**エ　A** たとえば　　**B** でも

2　健次さんは家族と買い物に行ったとき，こう貨，お札などの現金だけでなく，カードなどを使っ
て買い物をしている人がいることに興味をもち，お金について調べることにしました。あとの1～
5の問いに答えましょう。

1　健次さんは，お母さんから，現金を使わずに支払うキャッシュレス決済について教えてもらい，
家にもどってから，キャッシュレス決済について調べ，次のような **表** を見つけました。

**表　日本におけるキャッシュレス決済比率**※1 **の変化**

| 項　　目　　＼　　年 | 2015 年 | 2016 年 | 2017 年 | 2018 年 | 2019 年 |
|---|---|---|---|---|---|
| クレジットカードでの決済※2 | 16.5 % | 18.0 % | 19.2 % | 21.9 % | 24.0 % |
| デビットカードでの決済※3 | 0.1 % | 0.3 % | 0.4 % | 0.4 % | 0.6 % |
| 電子マネーでの決済※4 | 1.5 % | 1.7 % | 1.7 % | 1.8 % | 1.9 % |
| QRコードでの決済※5 | | | | 0.1 % | 0.3 % |
| 計 | 18.1 % | 20.0 % | 21.3 % | 24.2 % | 26.8 % |

（経済産業省の資料をもとに作成）

※1　「年間支払い金額」のうち「キャッシュレス決済による年間支払い金額」の割合。

※2　商品を先に手に入れ，後日，決められた日までにお金を支払うこと。

※3　商品を買うと同時に，銀行の口座からお金を支払うこと。

※4　お金をデータに置きかえたもので支払うこと。（例：プリペイドカードで支払う。）

※5　QRコードは株式会社デンソーウェーブの登録商標である。また，「QRコードでの決済」の割合には，
　　「QRコードを用いたクレジットカード等での決済」はふくまれていない。

　　この **表** から読み取ることのできることとして正しいものを，あとの**ア～エ**の中からすべて選
び，記号で書きましょう。

**ア**　キャッシュレス決済比率は毎年高くなっていて，キャッシュレス決済比率を項目別に見ると，
　　毎年「クレジットカードでの決済」の割合が最も高い。

**イ**　「デビットカードでの決済」の割合を見ると，2015年の割合は2019年の割合の6倍である。

ウ 「QRコードでの決済」の割合を見ると，2018年の割合は2019年の割合の3分の1である。

エ 2017年のキャッシュレス決済比率を見ると，「QRコードでの決済」を除いたすべての項目で2016年の割合より高くなっている。

2 健次さんは，買い物をした商品の中に，海外で生産された商品がふくまれていたことから，授業で，日本の自動車会社が自動車を海外で生産していることについて学んだことを思い出し，次の グラフ と 表 を見つけました。

グラフ 日本の自動車会社における自動車の生産台数の変化

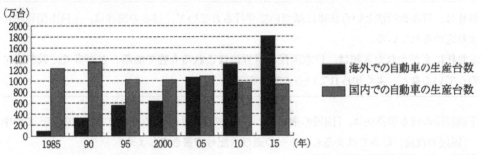

（日本自動車工業会資料をもとに作成）

表 日本の自動車会社における自動車の地域別海外生産台数

単位：台

| 年＼地域 | アジア | ヨーロッパ等 | 北アメリカ | 中央アメリカ・南アメリカ | その他の地域 | 合　計 |
|---|---|---|---|---|---|---|
| 1985 年 | 208589 | 44658 | 296569 | 90252 | 251074 | 891142 |
| 2015 年 | 9472178 | 1668878 | 4823222 | 1820525 | 310073 | 18094876 |

（日本自動車工業会資料をもとに作成）

(1) グラフ から読み取れるように，日本の自動車会社における海外での自動車の生産台数は増えてきています。

日本の自動車会社にとって，自動車を海外で生産することには，どのような良さがありますか，**「国内で自動車を製造するよりも，」** という言葉に続けて説明しましょう。

(2) 表 は，世界の国々を，アジア，ヨーロッパ等，北アメリカ，中央アメリカ・南アメリカ，その他の地域に分け，1985年と2015年の日本の自動車会社における自動車の地域別海外生産台数を表したものです。

健次さんは，表 から読み取ったことについて，次の メモ1 のようにまとめました。正しいまとめとなるように（A）〜（D）にあてはまる適切な言葉や数字を，あとのア〜クの中から選び，記号で書きましょう。

メモ1

1985年に，生産台数が最も多い地域は（　A　）であり，その地域の生産台数は，1985年の合計の約（　B　）％であった。

　　2015年には，生産台数が最も多い地域は（　**C**　）となり，その地域の生産台数は，2015年の合計の約（　**D**　）％となった。

**ア** アジア　　**イ** ヨーロッパ等　　**ウ** 北アメリカ　　**エ** 中央アメリカ・南アメリカ
**オ** 23　　　　**カ** 27　　　　　　　**キ** 33　　　　　　**ク** 52

3　健次さんは，お札について調べ，次の メモ2 のようにまとめました。

メモ2

・お札は，日本銀行法という法律に基づいて発行されていて，日本の法律は，①日本国憲法により定められている。
・②お札にえがかれた人物は，日本国民が世界にほこれる人物であることが多く，教科書にのっているなど，よく知られている人である。

(1)　下線部①の日本国憲法は，「国民の権利」と「国民の義務」を定めています。次の**ア**～**エ**の中から，「国民の義務」にあてはまるものを一つ選び，記号で書きましょう。
　**ア** 国会議員を選ぶために投票する。
　**イ** 大学に入学し，興味のある分野について研究する。
　**ウ** 所得税や消費税などの税金を納める。
　**エ** 家を建てて，引っこしをする。

(2)　下線部②について，お札にえがかれた人物の中に，伊藤博文がいることを知りました。次の**ア**～**エ**の中から，伊藤博文を説明する文として正しいものを一つ選び，記号で書きましょう。
　**ア** 関税自主権の回復に成功し，条約改正を達成した。
　**イ** 皇帝の権力の強いドイツの憲法を海外で学んで帰国した。
　**ウ** 板垣退助とともに，日本で初めて政党内閣を組織した。
　**エ** オランダ語の医学書をほん訳し，「解体新書」として出版した。

4　健次さんは，博物館に行き，昔のお金について調べ，昔は小判などが使われていたことを知りました。また，小判とともに展示されていた「さおばかり」と「試金石」に興味をもちました。

(1)　「さおばかり」は，お金の重さを量るときに使われた道具です。さおに取り付けたひもを手で支え，さおの片側にかごをつるし，量りたいものをかごにのせます。そして，ひもを取り付けた点を支点とし，さおが水平になるように，かごの反対側につけたおもりの位置を調節することで，かご全体の重さを量ることができます。
　　次のページの 図 のように，さおが水平になるとき，支点からかごをつるしたAまでのきょりを6cm，おもりの重さを120g，支点からおもりをつるしたBまでのきょりを○cm，かご全体の重さを△gとすると，あとの＜式＞が成り立ちます。ただし，さおとひもの重さは考えないものとします。

図

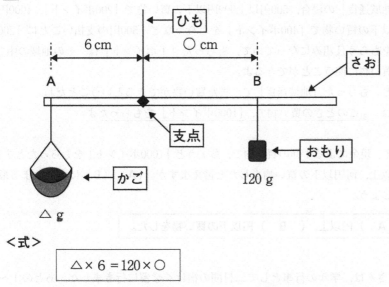

<式>

$$△ × 6 = 120 × ○$$

次の メモ3 は，○と△の関係についてまとめたものです。正しいまとめとなるように（ア），（イ）には数字を，（ウ）には，**比例か反比例**のどちらかの言葉を書きましょう。

メモ3

・下の表は，○と△の関係を表している。

| 支点からBまでのきょり ○（cm） | （ ア ） | 8 | 12 |
|---|---|---|---|
| かご全体の重さ △（g） | 80 | （ イ ） | 240 |

・表の値から，△は○に（　ウ　）している。

(2)「試金石」の展示には，次のような 説明 がありました。 説明 を参考にして，あとのア〜エの中から，「試金石」と同じ熟語の成り立ちとなっている言葉を一つ選び，記号で書きましょう。

説明

「試金石」は，小判にふくまれる金の量を確かめた黒い石です。「試金石」に小判をこすりつけ，石についた色を見て，小判にどれくらいの金の量がふくまれているのかを確かめました。

今は，力や値打ちなどを試すもとになることという意味で使われています。

ア　未使用　　イ　衣食住　　ウ　新記録　　エ　貯水池

5　健次さんは，家に帰ってから，お父さんから「地域通貨」の話を聞きました。

お父さん：特定の地域の中でだけ使うことのできる「地域通貨」が発行されていることがあって，ある地域で買い物をしたときに，「地域通貨」として「ポイント」をもらったことがあるよ。

健次さん：「地域通貨」とは，どのような仕組みになっているものなのかな。

お父さん：その「地域通貨」の場合，500円以上999円以下の買い物で「200ポイント」，1000円以上1499円以下の買い物で「400ポイント」をもらうなど，500円の支払いごとに「200ポイント」をもらう仕組みになっていて，もらった「1ポイント」は，その地域の中で，1円分の買い物に使うことができるよ。

健次さん：なるほど。もらった「地域通貨」で，また買い物ができるということだね。

お父さん：そうだね。③このときの買い物で，「1000ポイント」をもらったよ。

　下線部③について，現金による1回の買い物で，ちょうど「1000ポイント」をもらったとすると，お父さんは，何円以上，何円以下の買い物をしたと言えますか。（A），（B）にあてはまる最も適切な数字を書きましょう。

> お父さんは，（　A　）円以上，（　B　）円以下の買い物をした。

3 　桜子さんと秋代さんは，学年の行事として二日間の宿はく学習に行きました。あとの1〜4の問いに答えましょう。

1 　キャンプ場にとう着した桜子さんと秋代さんは，次の 見学のきまり にしたがって，周辺の見学地を見学することになりました。また，あとの 地図 には，＜見学地と道のり＞と＜見学にかかる時間＞が表されています。

見学のきまり

> ・神社，水族館，自然実習センター，歴史資料館の四つの見学地をすべて訪れましょう。
> ・訪れた見学地は必ず見学しましょう。
> ・見学地を訪れるのは1回のみとしましょう。

地図

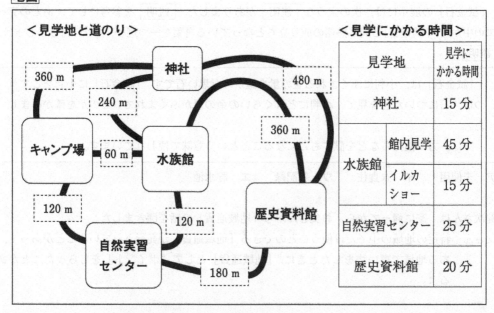

(1) 桜子さんの班は，キャンプ場を出発し，水族館を最後に見学し，キャンプ場にもどる計画です。この計画の場合，道のりが最も短くなる道順で歩いたときの道のりは合計何mですか，書きましょう。ただし，見学地の中を歩いた道のりは考えないものとします。

(2) 秋代さんの班は，次の 順序 で見学地を訪れる計画を立てました。計画のとおり，13時にキャンプ場を出発したところ，水族館で，あとの イルカショーの案内 を見つけ，水族館の館内見学に続けて，イルカショーも見学することにしました。秋代さんの班が 順序 のとおり分速60mで歩いて見学地を訪れ，見学したとき，キャンプ場にとう着する最も早い時刻は何時何分ですか，書きましょう。

順序

| キャンプ場 → 神社 → 水族館 → 歴史資料館 → 自然実習センター → キャンプ場 |

イルカショーの案内

**イルカショーを見にきてね！**

1回目 （始まりの時刻）13 時 00 分　　（終わりの時刻）13 時 15 分
2回目 （始まりの時刻）14 時 30 分　　（終わりの時刻）14 時 45 分
3回目 （始まりの時刻）16 時 00 分　　（終わりの時刻）16 時 15 分

2 桜子さんは，自然実習センターの実験教室で，次の 実験の方法 で実験をしました。

実験の方法

- ・長さと太さが同じろうそくを2本用意し，台に乗せたろうそくをA，台に乗せないろうそくをBとし，同時に火をつける。
- ・切ったペットボトルをさかさまにかぶせる実験を 実験1 とする。
- ・切ったペットボトルの2か所に穴をあけ，さかさまにかぶせる実験を 実験2 とする。
- ・実験1，実験2 どちらも，かぶせたペットボトルと机の間にわりばしをはさみ，すきまをあける。

桜子さんは，実験した 実験1 と 実験2 について，次の メモ のようにまとめました。正しいまとめとなるように，（①），（②）にはあてはまる気体の名前を漢字で，③ にはあてはまる言葉を書きましょう。

メモ

実験1 では，Aのろうそくの火が先に消え，その後，まもなくBのろうそくの火が消えた。このようになった理由は，ろうそくが燃えたことでできる温かい（ ① ）が，さかさまにしたペットボトル内の上にたまっていき，ろうそくが燃えるときに必要な（ ② ）が上から減っていくからである。

> 実験2 では，実験1 と異なり，A，Bどちらのろうそくも燃え続けた。
> 実験1 と比べて，実験2 において，A，Bどちらのろうそくも燃え続けた理由は，
> ペットボトルに穴をあけたことによって，ペットボトルの中に，[ ③ ]から
> である。

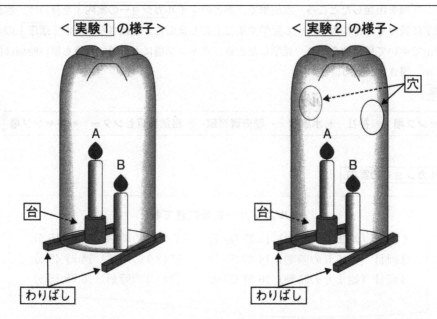

<＜実験1 の様子＞> <＜実験2 の様子＞>

3 桜子さんと秋代さんは，見学地からキャンプ場にもどり，班ごとに野外すい飯をおこないました。

(1) 桜子さんは，なべに入れた水が多すぎることに気づきました。なべは，14Lの水が入る円柱の形をしており，高さは15cmです。静かにかたむけて，図 のように，最も浅い部分は底面からの高さが3cm，最も深い部分は底面からの高さが15cmとなるところまで，水を他の容器に移しました。このとき，なべに残った水の量は何Lですか。求め方を式や言葉を使って説明し，答えも書きましょう。

図

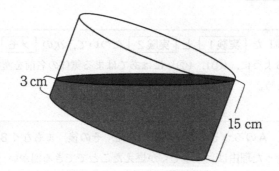

3 cm

15 cm

(2) 秋代さんの班が，なべの水を熱してふっとうさせたところ，水の中から盛んにあわが出て，水面からは，白いけむりのようなものが出ているのが見えました。

　秋代さんは，授業で学んだことを思い出し，この白いけむりのようなものについて，次のような説明を考えました。正しい説明となるように，（A），（B）にあてはまる適切な言葉を書きましょう。

> 　水の中から盛んに出るあわは，（　A　）であり，この（　A　）は，空気中で冷やされて，目に見える（　B　）という小さな水のつぶになります。この（　B　）が，白いけむりのようなものの正体です。

4　後日，秋代さんの班は，学校で「宿はく学習のまとめ」を作成しました。次は，秋代さんが作成している「宿はく学習のまとめ」の一部です。

「宿はく学習のまとめ」の一部

<感想>
　私は，テントにとまり，太陽がのぼる直前に目が覚めました。テントの外に出て，空を見上げたら，山のそばに細い月が見えました。とてもきれいでした。

<月のスケッチ>

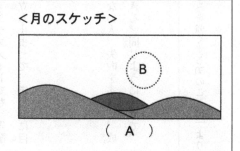

　<月のスケッチ>の（A）には，月が見えた方角を書きます。（A）にあてはまる最も適切な方角を，東，西，南，北の中から一つ選び，書きましょう。また，Bの位置には，秋代さんから見えた月をえがきます。秋代さんから見えた月の形はどれですか，次のア～エの中から一つ選び，記号で書きましょう。

【国語】（四〇分）〈満点：三五点〉

次のA～Cの文章の中から一つ選び、選んだ文章と自分の経験を結びつけて、これからどのような自分になりたいか、あとの【条件】にしたがって作文を書きましょう。

A 「当たり前」を疑ってみる。
「みんながやっているから」「前からそうだから」って、それが正しいこと、ベストなこととは限らない。当たり前を疑うことで、見えてくることがあるよ。

B まわりの人に目を向ける。
だれかといっしょにやると、できることが増えたり、ひとりでは気づけないことを見つけたりできる。クラスメイトでも、先輩でも、後輩でも、家族でも、ときには立ち止まって、まわりに目を向けてみよう。

C 失敗はどんどんしたほうがいい。
挑戦して失敗した人と、挑戦していない人。失敗をすれば、成功への道すじが見えてきて、工夫ができる。同じように見えて、経験値は圧倒的にちがうんだ。

（工藤勇一「きみを強くする50のことば」より）

【条件】

・選んだ文章の記号A～Cを、解答用紙の□の中に書くこと。
・四百字以上、五百字以内で書くこと。
・文章全体を三段落、または四段落で書くこと。
・数字を書く場合には、漢数字で書くこと。

# （外国語（英語）サンプル問題）

この問題は，令和４年度県立東桜学館中学校入学者選抜から実施される外国語（英語）の
出題について，イメージを示したものです。

（放送台本）

●これから音声による適正検査問題を始めます。

問題は，□1の１です。

英語は２回ずつ読まれます。

聞いている間に，問題用紙にメモを取っても構いません。

答えは全て解答用紙に記入してください。

（間２秒）

それでは，適性検査問題の１ページを開いてください。

（間３秒）

□1 たかしさんの学級では，総合的な学習の時間で「郷土文化について知ろう」というテーマで，学
習することになりました。

（間２秒）

1 日本と外国の文化の違いについて学習するために，国際交流員のケビンさんを講師に招きまし
た。クラスを代表して，はなこさんが英語であいさつと質問をしています。二人のやりとりを聞い
て，次の(1)~(3)の問題に答えましょう。なお，答えはそれぞれア～エの中から１つずつ選び，記号
で書きましょう。

(1) ケビンさんが自分の出身地で，つりを楽しむのは何月でしょう。

(2) ケビンさんの出身地で，見ることのできる動物はどれでしょう。

(3) ケビンさんが紹介してくれたものは，どれでしょう。

（間３秒）

それでは始めます。

（間２秒）

Hanako : Hello.  My name is Hanako.  Nice to meet you.

Kevin : Hello.  My name is Kevin Smith.  Nice to meet you, too.

Hanako : What do you have in your country?

Kevin : In my country, we have beautiful mountains and beaches.
In March, I enjoy camping.  In August, I enjoy skiing and fishing.
I usually enjoy swimming in the sea in December.

Hanako : Oh, really?  It's very cold in Yamagata.

| Kevin | : Yes. And we have many interesting animals. Look at this picture. It's gray. And the nose is big. But it's cute. We can see this animal on the tree. |
| --- | --- |

Kevin : Yes. And we have many interesting animals. Look at this picture. It's gray. And the nose is big. But it's cute. We can see this animal on the tree.

Hanako : It's so cute. I like the small ears. Well, what is the popular food in your country?

Kevin : Beef pie! My grandmother can cook good beef pies. What is the popular food in Yamagata?

Hanako : Imoni! Do you know imoni?

Kevin : Umm ...i-mo-ni?

Hanako : Yes. It's good.

Kevin : Oh, I want to eat imoni.

(間5秒)

繰り返します。

Hanako : Hello. My name is Hanako. Nice to meet you.

Kevin : Hello. My name is Kevin Smith. Nice to meet you, too.

Hanako : What do you have in your country?

Kevin : In my country, we have beautiful mountains and beaches. In March, I enjoy camping. In August, I enjoy skiing and fishing. I usually enjoy swimming in the sea in December.

Hanako : Oh, really? It's very cold in Yamagata.

Kevin : Yes. And we have many interesting animals. Look at this picture. It's gray. And the nose is big. But it's cute. We can see this animal on the tree.

Hanako : It's so cute. I like the small ears. Well, what is the popular food in your country?

Kevin : Beef pie! My grandmother can cook good beef pies. What is the popular food in Yamagata?

Hanako : Imoni! Do you know imoni?

Kevin : Umm ...i-mo-ni?

Hanako : Yes. It's good.

Kevin : Oh, I want to eat imoni.

(間7秒)

以上で音声による問題は終わります。(1)～(3)の問題に答えて，次の問題に進んでください。

1　たかしさんの学級では，総合的な学習の時間で「郷土文化について知ろう」というテーマで，学習することになりました。

1　日本と外国の文化の違いについて学習するために，国際交流員のケビンさんを講師に招きました。クラスを代表して，はなこさんが英語であいさつと質問をしています。二人のやりとりを聞いて，次の(1)～(3)の問題に答えましょう。なお，答えはそれぞれア～エの中から1つずつ選び，記号で書きましょう。

(1)　ケビンさんが自分の出身地で，つりを楽しむのは何月でしょう。

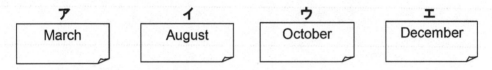

| ア | イ | ウ | エ |
|---|---|---|---|
| March | August | October | December |

(2)　ケビンさんの出身地で，見ることのできる動物はどれでしょう。

ア　　　　　イ　　　　　ウ　　　　　エ

(3)　ケビンさんが紹介してくれたものは，どれでしょう。
ア　有名なスキー場と広い動物園
イ　きれいな砂浜と料理上手なおばあちゃん
ウ　有名なスキー場と山形のいも煮
エ　きれいな砂浜とおいしいお菓子

以上で音声による問題は終わります。(1)～(3)の問題に答えて，次の問題に進んでください。

> サンプル問題はここまでです。以下，問題1の2に続きます。

大切なことはメモしておこうネ!

# 2022 年 度

# 解 答 と 解 説

## ＜適性検査解答例＞

1　1　(1)　イ
　　　(2)　エ
　　　(3)　イ
　　2　(1)　186000(kg)
　　　(2)　都道府県名　京都府
　　　　　位置　ア
　　　(3)　A　ア
　　　　　資料　ウ
　　3　(1)　アブラムシが食べられる
　　　(2)　エ
　　　(3)　ウ
　　4　イ

2　1　ア，ウ
　　2　(1)　(国内で自動車を製造するよりも，)　安く製造することができる。
　　　(2)　A　ウ
　　　　　B　キ
　　　　　C　ア
　　　　　D　ク
　　3　(1)　ウ
　　　(2)　イ
　　4　(1)　ア　4
　　　　　イ　160
　　　　　ウ　比例
　　　(2)　エ
　　5　A　2500
　　　B　2999

3　1　(1)　1080(m)
　　　(2)　15(時)41(分)
　　2　①　二酸化炭素
　　　②　酸素
　　　③　新しい空気が入ってきた
　　3　(1)　[求め方]

なべの底から高さ３cmまでの水の量は，$14×\dfrac{3}{15}=\dfrac{14}{5}=2\dfrac{4}{5}$（L）です。なべの高さ３cmから15cmまでの水の量は，なべの高さ３cmから15cmまでの円柱の体積を半分にした水の量になるので，$14×\dfrac{12}{15}÷2=\dfrac{28}{5}=5\dfrac{3}{5}$（L）です。合わせて，

$2\dfrac{4}{5}+5\dfrac{3}{5}=7\dfrac{7}{5}=8\dfrac{2}{5}$（L）

答え　$8\dfrac{2}{5}$（L）

　　(2)　**A**　水じょう気
　　　　　**B**　湯気
　4　**A**　東
　　　**B**　イ

〇配点〇
① 1(1)・(2)・2(1)・3(2)・(3)　各3点×5
　　1(3)・2(2)・2(3)・3(1)　各4点×4　　4　2点
② 1・4(1)　各4点×2　　2(1)・5　各5点×2
　　2(2)**A**・**B**・2(2)**C**・**D**　完答3点×2　　3(1)・3(2)・4(2)　各3点×3
③ 1(1)・(2)・2③　各5点×3　　2①・②　完答3点　　3(2)**A**・**B**　各3点×2
　　3(1)　6点　　4　4点　　計100点

## ＜適性検査解説＞

① （英語・社会：リスニング，歴史）

1　(1)　エミリーさんが勇太さんに日本での時間をたずねた後，「シンガポールは９時50分です。」と言っているため，**イ**が正しい。勇太さんの言う「10時50分」は日本の時間であることに注意。**ア**の９時15分は"nine fifteen"，**イ**の９時50分は"nine fifty"，**ウ**の10時15分は"ten fifteen"，**エ**の10時50分は"ten fifty"とそれぞれ発音される。

　　(2)　勇太さんの４番目の発言に注目する。お気に入りの場所である公園について，春にはたくさんの鳥を見ること，秋には音楽祭をそれぞれ楽しむことができると言っているため，**エ**が正しい。

　　(3)　勇太さんは，エミリーさんにお気に入りの場所を聞かれ，公園の写真を見せている。また，エミリーさんの４番目の発言と勇太さんの５番目の発言から，写真には勇太さんの妹のはるみさんがうつっていることがわかる。さらに，エミリーさんの５番目の発言から，写真にはたくさんの花がうつっていることもわかる。以上から，女の子とたくさんの花がうつっている公園の写真である**イ**が正しい。

## ＜放送全文（日本語訳）＞

Yuta:　Hello. My name is Yuta. I live in Yamagata in Japan. Nice to meet you, Emily.
Emily:　Nice to meet you too, Yuta. What time is it in Japan now?
Yuta:　It's 10:50 here.
Emily:　I see. It's 9:50 in Singapore. Yuta, what is your favorite place in your city?

Yuta:　Look at this picture. This is my favorite place.

Emily:　Oh, I can see a beautiful park.

Yuta:　Yes, this is a famous park in my city. In spring, we can enjoy watching many birds here. In summer, we can see beautiful flowers. I like the music festival in fall. It's fun! We enjoy skating in winter.

Emily:　Great! Who is the girl in the picture?

Yuta:　She is my sister Harumi. She is good at badminton.

Emily:　Nice. Oh, I can see many flowers in the picture. Do you know the name?

Yuta:　Yes, it's *benibana*. We can see it in July.

Emily:　*Benibana* ? It's beautiful!

ゆうた　：こんにちは。わたしの名前は勇太です。日本の山形に住んでいます。はじめまして，エミリー。

エミリー：こちらこそはじめまして，勇太。日本は今何時ですか？

ゆうた　：10時50分です。

エミリー：なるほど。シンガポールは９時50分です。勇太，あなたのまちでお気に入りの場所はどこですか？

ゆうた　：この写真を見てください。これがわたしのお気に入りの場所です。

エミリー：まあ，美しい公園が見えます。

ゆうた　：はい，これはわたしのまちの有名な公園です。春には，ここでたくさんの鳥の観察を楽しむことができます。夏には，美しい花を見ることができます。わたしは秋の音楽祭が好きです。とても楽しいです！冬にはスケートを楽しむことができます。

エミリー：素晴らしいですね！写真の女の子はだれですか？

ゆうた　：彼女は私の妹のはるみです。彼女はバドミントンが得意です。

エミリー：いいですね。あら，写真にはたくさんの花が見えます。名前を知っていますか？

ゆうた　：はい，それはベニバナです。７月に見ることができます。

エミリー：ベニバナ？美しいですね！

2　(1)　1550駄の重さは「１駄＝120kg」であるため，1550×120＝186000(kg)と求めることができる。

　　(2)　メモ２より，特に「平安京が置かれていた。」という文に注目すると，ある都市が京都府にふくまれることがわかる。地図のアが京都府である。

　　(3)　A　江戸時代には浮世絵が流行したため，アが正しい。イの絵巻物は奈良時代から室町時代に盛んに製作されたといわれているため，誤り。ウの大和絵は，平安時代に発達したものであるため，誤り。エのすみ絵は，鎌倉時代後半から室町時代にかけて中国から日本に入ってきたものであるため，誤り。

　　　　（参考）　浮世絵は，生活や流行，役者などを題材にした絵画であるという知識があれば，イかウにしぼることができる。イは十二単を着た平安時代の女性が写っていることから，ウであると判断できる。

3　(1)　山本さんの発言より，ヒメハナカメムシはアブラムシを食べることが特ちょうであり，そのおかげでアブラムシが紅花につかないということが読み取れる。

　　(2)　ア　ものが水にとける量は，水の量によって決まっているので，正しい。

　　　イ　ものが水にとける量は，温度によって変わるので，正しい。

　　　ウ　ものが水にとける量は，種類によって変わるので，正しい。

　　　エ　水にとけたものの重さは消えず，そのままであるので，誤り。

　(3)　実際にア～エの切り方で切ったら，開いた時にどのような模様になるか考える。特に三角形になっている部分と四角形になっている部分の場所に注目すると，④と同じ模様になるものは**ウ**であるとわかる。

4　Aは前後の文に注目する。「何を伝えてよいかわかりませんでした」から，「今まで知らなかったことがよくわかりました」と，前後で状態が真逆に変化しているため，逆接の接続詞である「でも」があてはまる。Bも同様に前後を見ると，前文より後文の方がくわしく書かれており，具体的な文が書かれているので，具体例を出す「たとえば」という接続詞があてはまる。

**2**　（社会・理科・数学：資料の読み取り，経済，重さのつり合い）

1　ア　表よりキャッシュレス決済比率が毎年高くなっていること，なかでもクレジットカードでの決済の割合が多いことが読み取れるため，正しい。

　　　イ　デビットカードでの決済について，2019年の割合が2015年の割合の6倍であるため，誤り。

　　　ウ　QRコードでの決済について，2018年の割合は2019年の割合の$\frac{1}{3}$であるため，正しい。

　　　エ　2017年の電子マネーでの決済を見ると，2016年と同じ割合であるため，誤り。

2　(1)　海外の方が人件費などが安いため，国内で製造するよりも海外で生産する方が安くすむということが知識として必要である。

　(2)　**表**から読み取ると，**A**は**ウ**であることがわかる。**B**は(1985年の北アメリカにおける生産台数)÷(合計)×100＝296569÷891142×100＝33.279…となり，四捨五入し，**キ**の33であるとわかる。**C**も表より，**ア**であることがわかる。**D**は(2015年のアジアにおける生産台数)÷(合計)×100＝9472178÷18094876×100＝52.347…となり，四捨五入し，**ク**の52であるとわかる。

3　(1)　日本国憲法に定められている国民の義務は，子どもに教育を受けさせる義務，勤労の義務，納税の義務がある。ア～エのなかでは**ウ**が納税の義務にあたるため，答えとなる。

　(2)　ア　条約改正をなしとげたのは小村寿太郎。よって誤り。

　　　イ　ドイツの憲法を学んだのは伊藤博文。よって正しい。

　　　ウ　日本で初めて政党内閣を組織したのは，板垣退助と大隈重信。よって誤り。

　　　エ　「解体新書」を出版したのは，杉田玄白。よって誤り。

4　(1)　ア　〈式〉に代入して求める。**メモ3**より，△は80であるので，△に80を代入すると，80×6＝120×○　○＝4となり，**ア**は4であるとわかる。

　　　イ　〈式〉に代入して求める。**メモ3**より，○は8であるので，○に8を代入すると，△×6＝120×8　△＝160となり，**イ**は160であるとわかる。

　　　ウ　○が2倍，3倍，…，になるにつれて，△も2倍，3倍，…，になるため，比例しているとわかる。反比例の場合は○が2倍，3倍，…，になるにつれて，△は$\frac{1}{2}$倍，$\frac{1}{3}$倍，…，になる。

　(2)　**説明**より，「金の量を確かめた黒い石」という意味から試金石という熟語が成り立っている。最初の二文字「試金」に着目すると，動詞の後に目的語が並んでおり，さらに「試金」

はその後ろの「石」を修飾していることがわかる。よって，前の二語が動詞，目的語の順に並んでおり，さらにその二語が後ろの語を修飾してできた言葉を選べばよい。

**ア** 未使用は，使用していないという意味。前の二語が後ろの語を修飾していないため，誤り。

**イ** 衣食住は，服装，食事，住居を表す三つの単語から成り立っているため，誤り。

**ウ** 新記録は，新しい記録という意味。新が後ろの二語を修飾しているため，誤り。

**エ** 貯水池は，水を貯めるための池という意味。前の二語が，動詞，目的語の順で並んでおり，さらにその二語が後ろの語を修飾してできた言葉であるため，正しい。

5 500円の買い物ごとに「200ポイント」もらえるため，500円ごとの区切りで考えていくと，2500円以上，2999円以下の買い物時に1000ポイントもらえる。「未満」ではなく「以下」であることに注意する。

3 （理科・算数：道のりと時間，燃焼，月の満ち欠け，体積）

基本

1 (1) 地図 から，最後に水族館を見学してからキャンプ場にもどる最短の道のりは60mである。見学のきまり から，すべての見学地を一度だけ訪れることを考えると，つぎの2通りの道順が考えられる。

それぞれの道のりを計算すると，

A：360＋480＋180＋120＋60＝1200(m)

B：120＋180＋480＋240＋60＝1080(m)

となるから，Bの道のりが最短であり，答えは1080mとなる。

(2) キャンプ場　　　　　　13:00発

　　↓　360÷60=6(分)

　　神社　　　　　　　　13:06着　15分見学

　　↓　240÷60=4(分)　13:21発

　　水族館　　　　　　　13:25着　45分見学終わった時点で14:10

　　　　　　　　　　　　　　　　　14:30からのイルカのショーを見る

　　↓　360÷60=6(分)　14:45発

　　歴史資料館　　　　　14:51着　20分見学

　　↓　180÷60=3(分)　15:11発

　　自然実習センター　　15:14着　25分見学

　　↓　120÷60=2(分)　15:39発

　　キャンプ場　　　　　15:41着

よって，予定通り進み，キャンプ場にとう着する最も早い時刻は15時41分である。

2 ①② 実験1では前提として，温かい空気は上にいき，冷たい空気は下にいくという知識が必要。ろうそくが燃えると二酸化炭素が発生する。発生した温かい二酸化炭素は，ペットボトルの上のほうにたまる。よって，冷たい酸素はペットボトルの下にたまることで，

ペットボトルの上の方には，ろうそくが燃えるために必要な酸素が減っていく。よって，Aのろうそくが先に消え，下の方にたまった酸素を使い切ってBも消える。よって，①には二酸化炭素，②には酸素があてはまる。

③ 燃えるのに必要なのは酸素である。**実験2**の場合，二か所に穴が開いているため，常に新しい空気，つまり新しい酸素が入ってきているため，ろうそくが消えない。よって，③には，新しい空気が入ってきたという内容が書ければよい。

3 (1) かたむいているからといって，難しいと決めつけないことが大切である。円柱をかたむけずに置き，面積を求めるにはどう分けて求めればいいかを考えると，答えを導きやすい。下3cmの部分の円柱と，3cmより上の部分の円柱を半分にした立体の2つの体積から求めることができる。あとは円柱の体積を求める式に数を代入し，体積を求める。

(2) 水をふっとうさせると状態変化がおき，液体が気体に変わる。この時，水は水じょう気になる。よって，Aには水じょう気があてはまる。水じょう気は冷やされることによって，水の状態にもどる。その際に，目に見える湯気という小さな水のつぶになる。よって，Bには湯気があてはまる。

4 **ア・イ**の満ち欠けは二十七日月と新月の間，**ウ・エ**の満ち欠けは新月と三日月の間となる。

二十七日月・新月・三日月の，おおよその月の入り・南中・月の出の時間は以下の通りである。

| | 月の出 | 南中 | 月の入り |
|---|---|---|---|
| 二十七日月 | 3時 | 9時 | 15時 |
| 新月 | 6時 | 12時 | 18時 |
| 三日月 | 9時 | 15時 | 21時 |

〈感想〉から，月を見たのは早朝であるとわかるため，二十七日月と新月の間の満ち欠けの月が東からのぼる様子を見たと考えられる。よってAの方角は**東**，Bにあてはまる月は**イ**となる。

★ワンポイントアドバイス★

正しい知識を問われる問題が多いほか，資料を読んで答える問題や記述で解答する問題が多い。何を答えなければならないのかを正しくとらえ，資料から得た情報と自分の知識を合わせて，簡潔にまとめる練習をしておくのがよいだろう。

## ＜作文解答例＞ 《学校からの解答例の発表はありません。》

選んだ文章の記号：C

　私は，他の人より少しおくびょうで，後ろ向きなことばかり考えてしまう自分を変え，失敗をおそれずに何事にも前向きに挑戦できるような自分になりたいと思っています。

　私は，小学校低学年のころから，何かに挑戦したことがあまりありませんでした。しかし，そんな私が初めて背中をおされて挑戦したことがあります。それは，運動会のリレーでアンカーになる，ということです。クラスの友だちに応えんされて，アンカーとして走ることになりました。練習では一位をとることができず，何回も転びました。しかし，毎日人一倍練習することだけは欠かさずに続けました。その結果，本番では転ばずに一位でゴールすることができ

ました。練習で何度転んで失敗しても，めげずに走り続けた成果だと思います。

　私はこの経験から，失敗は悪いことではなく，良い結果につながることもあるのだと知りました。以前と比べたら前向きになれたと思いますが，まだおくびょうになってしまう場面も多いです。今後も失敗をおそれずに，積極的にいろいろなことに挑戦していきたいです。


○配点○
35点

## ＜作文問題解説＞
問題(国語：作文)

　A～Cの文章から一つ選び，その文章と関連づけて，今後どのような自分になりたいかを述べる作文問題。三段落，または四段落で構成するため，はじめの段落にどのような自分になりたいかを書き，選んだ文章と関連のある自らの体験談を，次の一段落あるいは二段落に書く。そして最後の段落で考えたことや学んだことを述べ，これからの自分についてまとめるとよい。Aを選んだ場合は当たり前が正しいことではなかった体験を，Bを選んだ場合はだれかといっしょに何かをした体験を，Cを選んだ場合は失敗が自らの経験値となった体験を述べる。

★ワンポイントアドバイス★

自分の過去の経験を思い出し，最も身近で書きやすい文章を選ぶとよい。文章と体験，なりたい自分の三つをしっかりと結びつけて書くために，書きたい事を整理してから取りかかること。


## ＜総合問題リスニング-サンプル解答例＞

1　(1)　イ
　　(2)　ア
　　(3)　イ


## ＜総合問題リスニング-サンプル解説＞
1　(英語：リスニング)

(1)　はなこさんがケビンさんに対して「出身地には何があるか」をたずねた後，ケビンさんは出身地の山や海でどのように過ごすかを答えている。「August」(8月)にはスキーとつりを楽しむと言っているため，イが正しい。

(2)　ケビンさんは，はなこさんに動物の写真を見せながら，その特ちょうを説明している。灰色であり，鼻が大きいと言っていることからアとイにしぼることができる。その後，木の上で見られると言っていることから，アであるとわかる。はなこさんの，「小さい耳が好き」という発言からも，アが正しいことが確かめられる。

(3)　ケビンさんは，出身地にはきれいな山々と砂浜があると言っている。さらに，おいしいビーフパイを作ってくれるおばあちゃんがいるとも言っているため，イが正しいとわかる。

## ＜放送全文（日本語訳）＞

Hanako: Hello. My name is Hanako. Nice to meet you.

Kevin　: Hello. My name is Kevin Smith. Nice to meet you, too.

Hanako: What do you have in your country?

Kevin　: In my country, we have beautiful mountains and beaches.

　　　　In March, I enjoy camping. In August, I enjoy skiing and fishing.

　　　　I usually enjoy swimming in the sea in December.

Hanako: Oh, really? It's very cold in Yamagata.

Kevin　: Yes. And we have many interesting animals. Look at this picture.

　　　　It's gray. And the nose is big. But it's cute. We can see this animal on the tree.

Hanako: It's so cute. I like the small ears. Well, what is the popular food in your country?

Kevin　: Beef pie! My grandmother can cook good beef pies. What is the popular food in Yamagata?

Hanako: Imoni! Do you know imoni?

Kevin　: Umm ...i-mo-ni?

Hanako: Yes. It's good.

Kevin　: Oh, I want to eat imoni.


はなこ：こんにちは。はなこです。はじめまして。

ケビン：こんにちは。ケビン・スミスです。こちらこそはじめまして。

はなこ：あなたの出身地には何がありますか？

ケビン：私の出身地には，きれいな山々と砂浜があります。

　　　　私は３月にキャンプを楽しみます。８月にはスキーとつりを楽しみます。

　　　　12月にはいつも海で水泳を楽しむんです。

はなこ：ええっ本当ですか？山形だと12月はとても寒いです。

ケビン：はい。そしてたくさんのおもしろい動物がいますよ。この写真を見てください。

　　　　色が灰色です。そして鼻が大きいですね。ですが，かわいいです。この動物は木の上で見ることができます。

はなこ：とてもかわいいですね。私はこの小さな耳が好きです。では，あなたの出身地で人気の食べ物は何ですか？

ケビン：ビーフパイです！私のおばあちゃんはおいしいビーフパイを作ることができます。山形で人気の食べ物は何ですか？

はなこ：いも煮です！いも煮を知っていますか？

ケビン：うーん…い・も・煮？

はなこ：はい。おいしいですよ。

ケビン：へえ，いも煮を食べてみたいです。

★ワンポイントアドバイス★

英語の会話文を聞いて，選択しの中から内容に合うものを選ぶ形式になっている。
会話を聞いている間にメモを取り，必要な情報を整理してから答えるとよい。

大切なことはメモしておこうネ！

# 2021年度

★★★★★★★★★★★★★★★★★★★★★

# 入 試 問 題

2021
年
度

## 2021年度

# 県立東桜学館中学校入試問題

**【適性検査】** （55分）　＜満点：100点＞

---

1　勇太さんの家族は，温泉へ旅行に出かけました。次の1～4の問いに答えましょう。

1　勇太さんが，温泉旅館にある室内のおふろの入り口で，おふろのお湯などについて書かれたはり紙を見つけました。次は，その一部です。

**はり紙の一部**

- ・お湯の温度は，約40℃です。リラックスでき，血液の流れも良くなります。
- ・おふろには，1分間に14.5Lのお湯が注がれています。
- ・入浴前後には，しっかりと水分補給をお願いします。

(1)　勇太さんがおふろに入ると，満杯に入っていたお湯があふれ出ました。その後，勇太さんがおふろから出て，お湯が3分間注がれると，再び満杯になりました。この3分間で注がれたお湯の量は何Lですか，書きましょう。

(2)　おふろを出て，血液の流れが良くなったと感じた勇太さんは，体内でできた不要なものが，血液によって体外に出されるはたらきについて，授業で学んだことを思い出しました。次は，思い出した内容の一部です。

　　体内でできた不要なものは，血液で運ばれ，（　A　）でとり除かれ，余分な水分とともに（　B　）となり，（　C　）にためられ，体外に出される。

　（A）～（C）にあてはまる適切な言葉を，次のア～コの中から選び，それぞれ記号で書きましょう。

　ア　あせ　　イ　かん臓　　ウ　小腸　　エ　心臓　　オ　じん臓
　カ　大腸　　キ　にょう　　ク　肺　　ケ　皮ふ　　コ　ぼうこう

2　おふろから出た勇太さんは，お父さんと部屋の中で休むことにしました。

(1)　勇太さんが，冷たい飲み物を飲もうとして，テーブルの上に置いていた飲み物を，かわいたガラスのコップに，氷とともに入れました。しばらくすると [写真] にあるようにコップの外側に水てきがつきました。

**写真**

コップの外側に水てきがついた理由を，**空気中の水蒸気**という言葉を使って説明しましょう。

(2) 勇太さんは，旅の思い出が書かれたノートを見つけました。ノートの中には，ある小学生が書いた俳句がありました。次の 俳句 は，その一つです。

俳句

　**太陽がひまわりたちを見ているよ**

　この 俳句 から読み取ることができることを，次の**ア～エ**からすべて選び，記号で書きましょう。

**ア**　「太陽が」「見ているよ」という主語と述語のつながりから，太陽を人間にたとえている。

**イ**　五・七・五の十七音のリズムで書かれている。

**ウ**　ひまわりの花が，一輪だけさいている様子を表現している。

**エ**　「ひまわり」という言葉から，季節としては冬の様子を表現している。

3　勇太さんは，買い物をするために温泉旅館の近くのお店に行ったところ，次の チラシ を見つけました。

チラシ

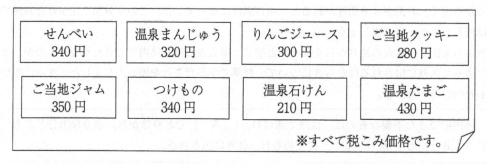

| せんべい<br>340 円 | 温泉まんじゅう<br>320 円 | りんごジュース<br>300 円 | ご当地クッキー<br>280 円 |
| ご当地ジャム<br>350 円 | つけもの<br>340 円 | 温泉石けん<br>210 円 | 温泉たまご<br>430 円 |

※すべて税こみ価格です。

(1) 勇太さんは，買い物をする前に，さいふの中身を見てみました。次の 表1 は，買い物をする前のさいふの中にあったお金の種類と枚数を表したものです。

表1 　買い物をする前のさいふの中にあったお金の種類と枚数

| お金の種類 | 1000 円札 | 500 円玉 | 100 円玉 | 10 円玉 |
|---|---|---|---|---|
| 枚数 | 3枚 | 0枚 | 1枚 | 8枚 |

　勇太さんが，「せんべい」，「りんごジュース」，「ご当地クッキー」，「つけもの」をそれぞれ一つずつ買い，まとめて代金をはらうと，500円玉1枚と100円玉3枚のおつりをもらいました。

　おつりをもらったあとの勇太さんのさいふの中にあるお金の種類と枚数はどのようになりますか。次の 表2 の（ア）～（エ）にあてはまる数字を書きましょう。

表2 　おつりをもらったあとのさいふの中にあるお金の種類と枚数

| お金の種類 | 1000 円札 | 500 円玉 | 100 円玉 | 10 円玉 |
|---|---|---|---|---|
| 枚数 | （ **ア** ）枚 | （ **イ** ）枚 | （ **ウ** ）枚 | （ **エ** ）枚 |

(2) 勇太さんは，買い物をしたあと，次のページの タイムセールのはり出し があることに気づきました。

タイムセールのはり出し

タイムセールＡ：【午後２時から午後２時30分まで】
　　　　　　　　税こみ価格350円以下の商品はすべて200円。
タイムセールＢ：【午後３時30分から午後４時まで】
　　　　　　　　すべての商品が100円引き。

　勇太さんが、「温泉まんじゅう」と「ご当地ジャム」をそれぞれ一つずつ、**タイムセールＡ**，**タイムセールＢ**のどちらかでまとめて買うとき、この二つのタイムセールのうち、どちらが何円安くなりますか。（**ア**）には**Ａ**，**Ｂ**のどちらかを書き、（**イ**）には適切な数字を書きましょう。

タイムセール（　ア　）が（　イ　）円安くなる。

4　勇太さんは、家に帰ってから、温泉旅館やお店で受け取ったレシートを見て、税金をはらっていたことに気づきました。税金に興味をもった勇太さんは、税のしくみについて、調べてまとめることにしました。

(1)　次のア～エは、勇太さんがいろいろな時代の税のしくみについて調べ、まとめたものです。まちがっているものをすべて選び、記号で書きましょう。
　　ア　聖徳太子は冠位十二階を定め、税を集めるしくみを整えた。
　　イ　8世紀の初め、律令ができ、人々は租・調・庸といった税を納めた。
　　ウ　源頼朝は、武士から「ご恩」として税を集めた。
　　エ　織田信長は、安土の城下町で市場の税をなくした。

(2)　勇太さんは、次の 資料 を見つけ、これをもとに、現在の税金のしくみについて次のページの メモ としてまとめました。正しい内容となるように、（Ａ）～（Ｃ）にあてはまる最も適切な言葉を、あとの＜言葉＞から選び、それぞれ言葉で書きましょう。

資料 国民と国会と内閣の関係

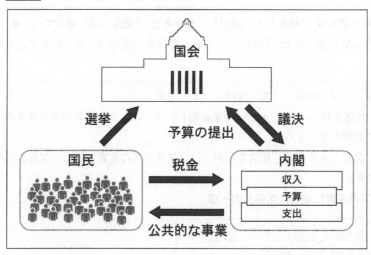

メモ

・私たちの身のまわりでは，多くの（　A　）がおこなわれていて，そのための費用の多くが，税金によってまかなわれている。
・国の税金の集められ方やその使われ方は，国民の投票による選挙で選ばれた国民の代表者によって（　B　）で議決される。
・こうして議決された（　C　）にもとづくなどして，内閣がいろいろな仕事をおこなっている。

＜言葉＞

国民　　予算　　内閣　　国会　　公共的な事業

2　健次さんと桜子さんは，総合的な学習の時間に，はたらく人にインタビューをするため，地元の商店街にあるスーパーマーケットに行きました。次の1〜4の問いに答えましょう。

1　健次さんと桜子さんは，お店の店長にインタビューをしました。次は，その内容の一部です。

健次さん：このお店の特ちょうを教えてください。

店長さん：わたしたちのお店の特ちょうは，商品の多くが地元のもので，①地産地消の取り組みを積極的におこなっていることです。

桜子さん：以前，②地産地消の良さについて，授業で調べたことがあります。

健次さん：ぼくは，果物の③ラ・フランスについて調べたことがあります。農家の方の畑に行き，実際にラ・フランスを収かくしたこともあります。

店長さん：いろいろな体験をとおして，地元のものに親しみをもつことはすばらしいことです。わたしたちのお店も，地産地消の取り組みを続けていきます。

(1)　下線部①について，次の文章は，食材の「地産地消」について説明したものです。（A），（B）にあてはまる最も適切な言葉を，あとのア〜オから選び，記号で書きましょう。

「地産地消」の説明

　「地産地消」の言葉の意味は，「地産」と「地消」に分けると，「地産」は，地元で（　A　）した食材のことを表している。また，「地消」は，その食材を地元で（　B　）することを表している。

ア　解消　　イ　産業　　ウ　消費　　エ　進行　　オ　生産

(2)　下線部②について，食材を買う人にとって，「地産地消」にはどのような良さがありますか。輸送という言葉を使って説明しましょう。

(3)　下線部③について，次の メモ は，健次さんが，「ラ・フランスの生育に適した気候」について調べた内容の一部です。

メモ　「ラ・フランスの生育に適した気候」の一部

・年平均気温（年間の平均気温）が7〜15℃
・7〜8月の平均気温が20〜30℃
・年降水量（年間の降水量の合計）が1200mm以下

次の**ア～エ**は，国内のある四つの地点における，平成30年の月別の平均気温と降水量を表したものです。 **メモ** を参考にして，「ラ・フランスの生育に適した気候」の地点として最も適切なものを，**ア～エ**の中から一つ選び，記号で書きましょう。

ア
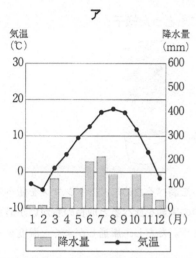
年平均気温7.2℃　年降水量1136.5mm

イ
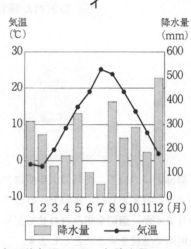
年平均気温11.2℃　年降水量2969.5mm

ウ
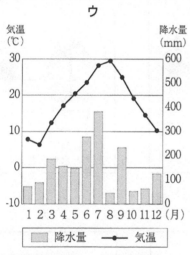
年平均気温17.7℃　年降水量1821.0mm

エ
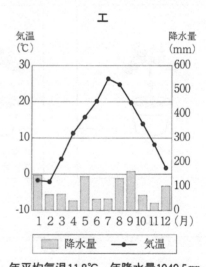
年平均気温11.8℃　年降水量1040.5mm

（気象庁の統計資料をもとに作成）

2　桜子さんは，花をはん売するお店の人に話を聞きました。次は，そのお店の人が話した内容の一部です。

山形県は花の産地であり，農家の方は，①水と②肥料と日光などを適切に管理して質の良い花を育てています。

(1)　下線部①について，図にあるように，しおれた植物に，水をあたえると，もとにもどりました。このとき，しおれた植物がもとにもどった理由を，**水の通り道**という言葉を使って説明しましょう。

図 しおれた植物が，もとにもどった様子

(2)　下線部②について，肥料による植物の成長のちがいを調べるためにインゲンマメを使って実験をしようと考えました。次の**ア〜カ**のうち，どの二つの実験を比べると成長のちがいが最もよくわかりますか。適切な組み合わせを記号で書きましょう。ただし，風通しがよく，温度を一定にした場所で実験をすることとします。

|ア|イ|ウ|
|---|---|---|

日光に当てる

日光に当てて，水をあたえる

日光に当てて，肥料と水をあたえる

|エ|オ|カ|
|---|---|---|

日光に当てない

日光に当てずに，水をあたえる

日光に当てずに，肥料と水をあたえる

3 健次さんと桜子さんは，商品についているバーコードのしくみに興味があり，お店の人にインタビューをしました。次は，そのときにもらった バーコードの見本 と，インタビューの内容の一部をまとめた メモ です。

バーコードの見本

メモ

・商品を管理するとき，バーコードを利用すると，短い時間で正確におこなうことができる。
・バーコードの下にある 13 けたの数字には，
（左から奇数番目の数字の和）＋3×（左から偶数番目の数字の和）
の値が「10 の倍数」となるきまりがある。
・バーコードの見本 について，このきまりにしたがって計算をしてみると，
（4＋1＋3＋5＋7＋9＋4）＋3×（9＋2＋4＋6＋8＋0）＝120
となり，「10 の倍数」になっていることが確かめられる。

(1) 下線部について，健次さんは，「他の商品の13けたのバーコードの数字」をノートに書き，家に帰ってから，このきまりを確かめようとしましたが，最後の13番目の数字が読めなくなっていました。この「他の商品の13けたのバーコードの数字」の（A）にあてはまる数字を書きましょう。

4 9 0 0 1 2 3 4 5 6 7 8 （ A ）

(2) 桜子さんは，お店の人から「インターネットを利用して，買い物をするお客様もいる」という話を聞いたことを思い出し，調べたところ，次の グラフ を見つけました。この グラフ から読み取ることができることとして正しいものを，次のページのア～エからすべて選び，記号で書きましょう。

グラフ インターネットで買い物をする人の割合（平成 27 年）

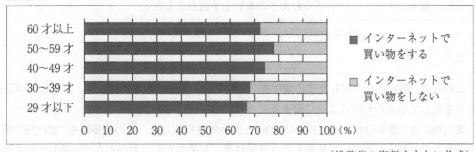

（総務省の資料をもとに作成）

ア　それぞれの年れい層において，インターネットで買い物をする人の割合はすべて 6 割以上である。

イ　29才以下の年れい層では，インターネットで買い物をしない人の割合は20％未満である。

ウ　50～59才の年れい層は，インターネットで買い物をする人の割合が最も高い年れい層であり，その割合は 3 分の 2 より大きい。

エ　60才以上の年れい層では，インターネットで買い物をする人の割合が毎年高くなっている。

4　健次さんは，お店の店長にお礼の手紙を出すことにしました。次は，その下書きの一部です。

**下書きの一部**

> 　先日は，職場見学をさせてくださり，ありがとうございました。①特に印象に残っているお店の取り組みは，地元の食材を大切にしています。みなさんの話を②聞き，地元にはいいものがたくさんあることに気づきました。
>
> 　おいそがしいとは思いますが，どうぞお体を大切にしてください。

(1)　下線部①は，主語と述語が正しく対応していません。正しくなるように，下の文の □ にあてはまる言葉を書きましょう。

　　特に印象に残っているお店の取り組みは，地元の食材を大切に ［　　　　　　　　　］ 。

(2)　下線部②を，けんじょう語を使って書き直しましょう。

---

3　春希さんの家族と友子さんの家族は，休日に様々なイベントがおこなわれている森林公園に遊びに行きました。次の 1 ～ 4 の問いに答えましょう。

1　森林公園に入ると，チューリップ畑と，チューリップ畑を 1 周することができる遊歩道がありました。また，チューリップ畑と遊歩道の説明が書かれた案内板がありました。

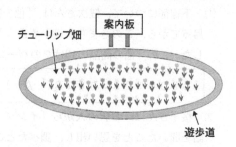

(1)　春希さんは，畑一面にチューリップがさいている様子を見て，畑全体でおよそ何本あるのかを調べたいと思いました。まず，4 m² のチューリップの本数を数えてみたところ360本でした。次に，案内板にはチューリップ畑の広さが8800m² と書いてあったので，春希さんは，次のような式に表し，畑全体のチューリップのおよその本数を予測しました。

| 式 | 360÷ 4 ×8800＝792000 |
|---|---|
| 答え | 792000本 |

　　このとき，春希さんが表した式の意味を，言葉や式を使って書きましょう。ただし，「360÷ 4」が何を表しているかわかるように書きましょう。

(2)　案内板には，遊歩道の 1 周の長さは420mと書いてありました。この遊歩道を，案内板の前から友子さんのお母さんが歩いて出発した 3 分30秒後，友子さんも，お母さんが出発した同じ地点か

ら，お母さんが歩いていった同じ方向に，走って追いかけ始め，１周してお母さんが出発した地点と同じ地点で追いつきました。友子さんのお母さんの歩いた速さが分速70mであるとき，友子さんの走った速さは分速何mになりますか。次の**ア**〜**エ**の中から最も適切なものを一つ選び，記号で書きましょう。

**ア** 分速100m **イ** 分速120m **ウ** 分速168m **エ** 分速245m

2 春希さんは，ペットボトルロケットを飛ばす実験ができる場所に立ち寄りました。ペットボトルロケットとは，水を入れたペットボトルに，空気入れのポンプをおすことにより空気を入れ， せん をはずすと，そこから水が勢いよく出て，飛んでいくものです。このペットボトルロケットで，次のような方法で実験をし，結果は 表 のようになりました。

実験の方法

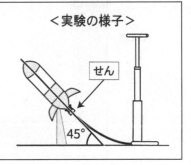

- 体積が500mLのペットボトルを使用する。
- ペットボトルに入れる水の量を，それぞれ100mL，200mL，300mL，400mLとして，飛んだきょりを測る。
- 空気入れのポンプをおす回数は５回とする。
- 発射する角度は，地面から45°に固定する。

＜実験の様子＞

表 実験の記録

| 水の量 | 100 mL | 200 mL | 300 mL | 400 mL |
|---|---|---|---|---|
| 飛んだきょり | 26.5 m | 30.9 m | 28.2 m | 12.7 m |

(1) ペットボトルに空気を入れてから せん をはずすと，ペットボトルロケットから水が勢いよく出る理由を，**空気の体積**という言葉を使って説明しましょう。

(2) この 表 から，春希さんは「ペットボトルの体積に対して５分の２の水を入れると，ペットボトルロケットは最も遠くに飛ぶ」と予測しました。この予測を確かめるためには，このあと，さらにどのような実験をすればよいですか。次の**ア**〜**エ**の中から適切なものをすべて選び，記号で書きましょう。

**ア** ペットボトルの体積を変えず，入れる水の量を150mL，250mLとしたときの飛んだきょりをそれぞれ測る。

**イ** ペットボトルの体積を変えず，入れる水の量を200mLとし，空気入れのポンプをおす回数を10回としたときの飛んだきょりを測る。

**ウ** ペットボトルの体積を変えず，入れる水の量を200mLとし，発射する角度を地面から60°に固定したときの飛んだきょりを測る。

**エ** ペットボトルの体積を1500mLのものに変え，入れる水の量を300mL，600mL，900mL，1200mLとしたときの飛んだきょりをそれぞれ測る。

3 友子さんは，木工教室に行き，コップを置くためのコースターを作りました。このコースターの模様を真上から見ると，図1 のように一辺が10cmの大きな正方形の中に，ぴったり円がくっついて，その円の中に，円周上の点を頂点とする小さな正方形があります。そして，円と小さな正方形の間に色がぬられています。

図1 真上から見たコースターの模様

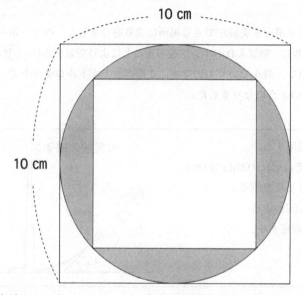

春希さん：色がぬられている部分の面積を求めることができるよね。

友子さん：大きな正方形の一辺の長さしかわからないのに，どうやって求められるのかな。

春希さん：いろいろな方法があるけど，小さな正方形の面積を求めることができればわかるよね。

友子さん：では，実際に面積を計算してみるね。

図1 の色がぬられている部分の面積は何cm²ですか，書きましょう。ただし，円周率は3.14とします。

4 春希さんは，家に帰ってから，夜に森林公園で見た「しし座」の動きを確かめたいと思い，星座早見を見ました。星座早見とは，図2 のように，月日と時刻の目もりを合わせると，その時刻に見える星座がわかるものです。また，あとの メモ は，春希さんがお父さんから聞いた「しし座」についての話の内容です。

図2 5月5日 20時（午後8時）に合わせた場合

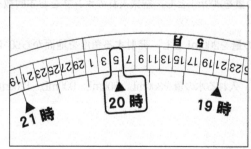

┌─────┐
│ メモ │　「しし座」についてのお父さんの話
└─────┘

┌────────────────────────────────────────────────────────┐
│ ・「しし座」には，勇者ヘルクレスに退治（たい）されたライオンが星座になったものだという神話があ │
│ 　る。                                                          │
│ ・「ヘルクレス座」が南の空に見えたときに，「しし座」は，しずんで見えなくなることから，          │
│ 　「しし座」は「ヘルクレス座」から逃げているようにも見える。                    │
└────────────────────────────────────────────────────────┘

(1)　星座早見の中で，│ しし座 │が次の│ 図3 │の位置にあるとき，「ヘルクレス座」はどの位置に
ありますか。│ メモ │を参考にして，│ 図3 │のア～エから適切なものを一つ選び，記号で書きま
しょう。

│ 図3 │

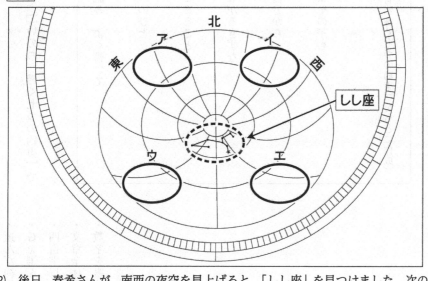

(2)　後日，春希さんが，南西の夜空を見上げると，「しし座」を見つけました。次の│ 図4 │は，そ
のスケッチです。このあと，「しし座」はどの方向に動くでしょうか。動く方向として最も適切な
ものを│ 図4 │のア～エから一つ選び，記号で書きましょう。

│ 図4 │　春希さんのスケッチ

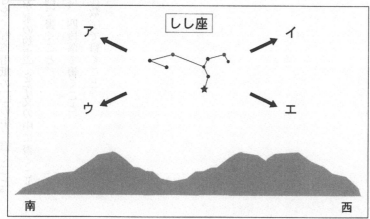

【作文】 （四〇分） 〈満点：三五点〉

次は、山形県教育委員会がまとめた『「いのち」輝く七つの約束』です。

A　よく学ぼう　よくきき　よく読み　よく書いて

B　よく遊ぼう　自然の中で　のびのびと

C　手を貸そう　今のあなたに　できること

D　ありがとう　感謝の心で　つながるきずな

E　あいさつは　明るく元気に　自分から

F　声かけよう　わが子と同じ　よその子も

G　（わが家の約束）

（山形県教育委員会『「いのち」輝く七つの約束』をもとに作成）

これからの生活で、A～Gの約束の中でどの約束を最も大切にしたいと考えますか。最も大切にしたいと考える約束を一つ選び、あなたがこれまでの生活の中で体験したことや見聞きしたことをふくめて、あとの【条件】にしたがって作文を書きましょう。

【条件】

・選んだ約束の記号A～Gを、解答用紙の□の中に書くこと。

・Gを選んだ場合は、「わが家の約束」を作文の中に書くこと。

・四百字以上、五百字以内で書くこと。

・文章全体を三段落または、四段落で書くこと。

・数字を書く場合には、漢数字で書くこと。

# 2021 年 度

## 解 答 と 解 説

＜適性検査解答例＞

1　1　(1)　43.5(L)

　　　(2)　A　オ　　B　キ　　C　コ

　2　(1)　空気中の水蒸気が冷やされて，水になったから。

　　　(2)　ア，イ

　3　(1)　ア　1　　イ　1　　ウ　4　　エ　2

　　　(2)　ア　A　　イ　70

　4　(1)　ア，ウ

　　　(2)　A　公共的な事業　　B　国会　　C　予算

2　1　(1)　A　オ　　B　ウ

　　　(2)　産地からお店までの輸送にかかる時間が短くなり，新せんな食材を買うことができる。

　　　(3)　エ

　2　(1)　水の通り道を通って，水が，根からくき，くきから葉へと運ばれたから。

　　　(2)　イ（と）ウ

　3　(1)　3

　　　(2)　ア，ウ

　4　(1)　していたことです

　　　(2)　うかがい（お聞きして）

3　1　(1)　「360÷4」により，1 m²あたりのチューリップの本数を求め，それに全体の面積をかけることで，全体の本数を求めている。

　　　(2)　ウ

　2　(1)　ペットボトルにおしこめられた空気が，もとの空気の体積にもどろうとして，水を外におし出すから。

　　　(2)　ア，エ

　3　28.5(cm²)

　4　(1)　ア

　　　(2)　エ

○配点○

1　1(1)　4点　　　1(2)・2(2)・4(1)　各3点×3(完答)　　　2(1)　6点

　3(1)・(2)　各4点×2(完答)　　　4(2)A・B・C　各2点×3

2　1(1)・2(2)・3(2)　各3点×3(完答)　　　1(2)・2(1)　各6点×2

　1(3)　4点　　　3(1)　5点　　　4(1)・(2)　各2点×2

3　1(1)・2(1)　各7点×2　　　1(2)　4点　　　2(2)　4点(完答)

　3　5点　　　4(1)・(2)　各3点×2　　　計100点

## ＜適性検査解説＞

1 （算数，理科，国語，社会：人体，物質の状態変化，俳句，お金の計算，税金）

1 (1) はり紙の一部 からお湯は１分間に14.5Ｌ注がれることがわかるので，３分間に注がれた
お湯の量は14.5×3＝43.5より，43.5Ｌである。

(2) じん臓には体内でできた不要なものや余分な水分などをにょうにする役割がある。また，
じん臓でできたにょうはぼうこうにためられる。

2 (1) 「気体は冷やされると液体に変わる」という性質を用いて考える。問題文からコップの周
りの水蒸気がコップの中の冷たい飲み物によって冷やされていることが読み解ける。した
がって，冷やされた水蒸気が水に変わり，コップの外側についたと考えられる。以上のこ
とを，「空気中の水蒸気」という言葉を使いながらまとめればよい。

(2) ア 本来，「見る」という動作は人間ではない太陽は行わない。しかし，この俳句ではわ
ざと太陽を人間のように扱った表現を行っている。したがって，アは正しい。

イ 俳句を読み上げると全部で17音になるとわかる。したがって，イは正しい。

ウ ひまわり「たち」とあるので，複数のひまわりがさいていることがわかる。したが
って，「一輪だけさいている」というのは正しくない。

エ ひまわりがさく季節は夏である。したがって，「冬の様子を表現している」というの
は正しくない。

以上から，答えはアとイだとわかる。

3 (1) まず，はらった代金は合計でいくらなのか計算する。勇太さんが買ったのは「せんべい」，
「りんごジュース」，「ご当地クッキー」，「つけもの」なので，チラシ より，340＋300＋
280＋340＝1260(円)が代金の合計だとわかる。

次に勇太さんは会計のときにいくらさいふから出したのかを考える。もらったおつりは
「500円玉１枚と100円玉３枚」とあるので，1260＋500×1＋100×3＝2060(円)をさい
ふから出したとわかる。

最後におつりをもらったあとのさいふの中にあるお金の種類と枚数について考える。会
計のときに2060円を出したことから，1000円札２枚，10円玉６枚を使ったとわかる。そ
して，おつりで500円玉１枚，100円玉３枚をもらったとあるので，これらを用いてそれぞ
れのお金の枚数を計算する。

1000円札：3－2＝1(枚)　500円玉：0＋1＝1(枚)

100円玉：1＋3＝4(枚)　10円玉：8－6＝2(枚)

これより，アは1，イは1，ウは4，エは2が答えである。

(2) タイムセールＡでは，320円の「温泉まんじゅう」と350円の「ご当地ジャム」はともに
200円になるので，合計で200＋200＝400(円)だとわかる。

一方でタイムセールＢでは，すべての商品が100円引きになる。よって，「温泉まんじゅ
う」は320－100＝220(円)，「ご当地ジャム」は350－100＝250(円)になるので，合計で
220＋250＝470(円)だとわかる。

470－400＝70より，タイムセールＡが70円安くなるといえる。

4 (1) ア 冠位十二階は税を集めるしくみではなく，朝ていに仕える役人の位に関するしくみ
なのでアは正しくない。

イ 701年に大宝律令が定められ，租・庸・調といった税を納めるしくみができたので，
イは正しい。

ウ　「ご恩」とは将軍が武士に対して領地の支配を認めたり，戦で活やくした者に対して新しい土地をあたえたりすることを指す。「ご恩」は税のことではないので**ウ**は正しくない。

エ　織田信長は安土城の城下町で「楽市・楽座」という制度を打ち出し，市場で店を開く際にかかる税をなくした。したがって，**エ**は正しい。

これより，まちがっているものは**ア**と**ウ**である。

(2)　**A**　資料より，国民から内閣に対して税金が納められる代わりに，内閣が国民に対して公共的な事業を行っていることがわかる。したがって，**A**には「公共的な事業」が当てはまる。

**B**　資料をみると，国民から国会に対してのびている矢印に「選挙」とある。したがって，「選挙で選ばれた国民の代表者」というのは「国会」のことだとわかる。したがって，**B**には「国会」が当てはまる。

**C**　資料より，内閣が国会に対して予算を提出し，国会はそれを議決していることがわかる。したがって，**C**には「予算」が当てはまる。

2 　（社会，算数，国語：地産地消，気候，植物，計算問題，グラフの読み取り，敬語）

1 　(1)　まず，選たくしの中から「産」という文字が入ったものを探すと「産業」と「生産」が当てはまる。かっこの後ろに「した」とあるが，「産業した」という表現は不自然なので，**A**には**オ**の「生産」が当てはまる。

次に，「消」という文字が入った選たくしを探すと，「解消」と「消費」が見つかる。「食材を地元で解消する」という文章は意味が通らないので，**B**には**ウ**の「消費」が当てはまる。

(2)　地産地消の場合，食材がとれた場所と店のきょりが近いので，輸送にかかる時間が短くなると考えられる。このことから，食材を買う人は新せんな食材を買うことができるといえる。

他に考えられる答えとして，産地からお店までの輸送にかかる経費が少なくなり，安い価格で買うことができるなどがある。食材がとれた場所と店のきょりが近いと，その分輸送にかかるお金がおさえられる。そのため，遠くでとれた食材と比べ価格を安く設定できる。

(3)　**ア**　7～8月の平均気温がグラフでは10～20℃の間だが，ラ・フランスの生育に適した気候では20～30℃でなければならないので正しくない。

**イ**　年降水量がグラフでは2969.5mmだが，ラ・フランスの生育に適した気候では1200mm以下でなければならないなので正しくない。

**ウ**　年平均気温がグラフでは17.7℃であるが，ラ・フランスの生育に適した気候では7～15℃でなければならないので正しくない。また，年降水量がグラフでは1821.0mmであることからも，**ウ**は不適切とわかる。

**エ**　メモの内容すべてを満たしているので正しい。

したがって，**エ**が答えである。

2 　(1)　植物がしおれた原因は葉やくきに水分が十分に行き届いていないためである。水をあたえることで土に水がしみこみ，その水を根が吸い上げる。そして，水の通り道を通って，葉やくきに水が行き届くので，しおれた植物がもとにもどる。「水の通り道を通って，水が，根から植物のからだ全体に運ばれたから。」といった表現でもよい。

(2)　実験の際，肥料をあたえたかあたえていないか以外はすべて同じ条件にしなければならない。また，植物は日光や水がなければ成長できないので，実験は日光が当たる場所で，

水をあたえながら行う必要がある。以上のことから，適切な組み合わせは**イ**と**ウ**だとわかる。

3 (1) 「左から偶数番目の数字の和」を求めると，9＋0＋2＋4＋6＋8＝29より，29とわかる。また，**A**以外の「左から奇数番目の数字の和」は，4＋0＋1＋3＋5＋7＝20より，20である。さらに，29の3倍と20をたすと，29×3＋20＝87＋20＝107となる。107に**A**をたしたときに「10の倍数」にならなければならず，**A**は一けたの数字なので，答えは3となる。

(2) **ア** グラフ を見るとどの年れい層においても，「インターネットで買い物をする人」の割合は60％をこえているので，**ア**は正しい。

**イ** 29才以下の年れい層では，「インターネットで買い物をする人」の割合は60～70％の間だとわかる。したがって，「インターネットで買い物をしない人」の割合は30～40％の間だと考えられるため，**イ**は正しくない。

**ウ** 3分の2を百分率に直すと，66.666……％である。50～59才の年れい層の「インターネットで買い物をする人」の割合は70％をこえているため，**ウ**は正しい。

**エ** この グラフ は平成27年度のデータのみが記されており，その前後の年のデータはわからない。したがって，60才以上の年れい層での「インターネットで買い物をする人」の割合が毎年高くなっているかどうかはこの グラフ からは読み取れない。

4 (1) 下線部①の文章は「特に印象に残ったことは〇〇です。」という内容である。「〇〇」には「地元の食材を大切にしていたこと」が当てはまる。したがって，□□□の中には「していたことです」を入れるとよい。また，「していることです」も正解である。

(2) けんじょう語とは自分の動作をへりくだって表す際に用いる言葉である。「聞く」のけんじょう語は「うかがう」や「お聞きする」である。下線部②は「聞き」なので，解答の際は「うかがい」や「お聞きし」のように変形させる。

③ **（算数，理科：面積，速さ，体積，星座）**

基本

1 (1) 問題文に，4㎡にあるチューリップの本数が360本だと書いてあるので，360本を4㎡で割ることで，1㎡にさいているチューリップのおよその本数がわかる。8800㎡は1㎡の8800倍なので，さいているチューリップの本数も8800倍になると考えられる。

(2) まず，友子さんのお母さんが遊歩道を1周するのにかかった時間を考える。遊歩道の1周の長さは420m，友子さんのお母さんの歩いた速さは分速70mなので，420÷70＝6より，1周にかかった時間は6分である。

次に，友子さんが遊歩道を1周するのにかかった時間を考える。問題文に「1周してお母さんが出発した地点と同じ地点で追いつきました」とある。つまり，友子さんはお母さんの3分30秒遅れで出発し，同じタイミングで1周したということがわかる。これより，友子さんが1周にかかった時間は6分－3分30秒＝2分30秒である。

最後に，友子さんの走った速さを考える。2分30秒＝2.5分なので，420÷2.5＝168(m)より，友子さんの走った速さは分速168mである。したがって，**ウ**が正しい。

2 (1) 閉じこめた空気に力をくわえるとおしちぢめられ体積が小さくなるという性質を利用して考える。 せん をはずすことによって，おしちぢめられていた体積がもとの体積にもどろうとするので，水は外に追い出される。

(2) ペットボトルの体積と中に入れる水の量の関係を調べる実験なので，中に入れる水の量を変える実験や使うペットボトルの体積を変えた実験を行えばよい。**ア**を行いその記録と 表 の実験の記録を比べ，水の量200mLのときの飛んだきょりが最も遠かった場合，春希さんの予測をさらに裏付けることができる。また，**エ**を行い，入れる水の量600mLのときの

飛んだきょりが最も遠かった場合，どのような体積のペットボトルでも春希さんの予測通りの結果になることが証明できる。**イ**は「空気入れのポンプをおす回数と飛んだきょりの関係」，**ウ**は「発射する角度と飛んだきょりの関係」について確かめる実験なので，春希さんの予測を確かめる実験としては不適切である。

3　まず，小さい正方形の面積を求める。正方形の面積は「対角線×対角線÷2」で求められる。小さい正方形の対角線は円の直径と同じ長さで，円の直径は大きい正方形の1辺の長さと同じである。したがって，小さい正方形の面積は10×10÷2＝50(cm²)である。次に円の面積を求める。円の半径は10÷2＝5(cm)より，円の面積は5×5×3.14＝78.5(cm²)である。これより，色がぬられている部分の面積は78.5－50＝28.5(cm²)である。

4　(1)　星座は一日の中で東の空から西の空に動く。よって，　メモ　より「ヘルクレス座」が南の空に見えたとき，「しし座」は西の空側にあるということがわかる。星座早見で「ヘルクレス座」が南のとき，「しし座」が西側にくるのは**ア**の位置である。

　　(2)　星座は一日の中で東の空から南の空へ動き，そして西の空へしずむので，南西に見えた「しし座」は**エ**の方向に動く。

─★ワンポイントアドバイス★─

正しい知識を問われる問題が多いほか，資料を読んで答える問題や記述で解答する問題が多い。答えなければならないことは何かを正しくとらえ，指示された言葉などの必要なことをうまく盛りこんで文章をまとめる練習をしておくのがよいだろう。

### <作文解答例>　《学校からの解答例の発表はありません。》

選んだ約束の記号　Ｅ

　私は，Ｅの約束を大切にしていきたいと考えています。理由は二つあります。

　一つ目は，あいさつは会話の始まりだと思うからです。クラスがえがあったとき，仲の良い子とは違うクラスになってしまい，知らない人も多く不安でいっぱいでした。そのときに，「おはよう」と声をかけてくれた子がいて，そこから会話が広がり，仲良くするようになりました。これがきっかけとなり，私は新しいクラスにすぐなじむことができました。

　二つ目は，あいさつは人を元気にする力を持っていると思うからです。登校や下校のとき，近所の人に毎日あいさつをしていたところ，一人のおばあさんに「あなたの声をきくと元気をもらえる」と言われました。

　これらの経験をとおして私は，あいさつは単純なやり取りではなく，とても大事なコミュニケーションの一つだと学びました。あいさつをするだけで，円かつな関係を築くことができ，気持ちの良い生活を送ることができます。これからも，率先して，相手を元気にできるようなあいさつを心がけていきたいと思います。

○配点○

35点

## ＜作文問題解説＞

### 問題（国語：作文）

　「『いのち』輝く七つの約束」から一つ選び，なぜその約束を最も大切にして生活していきたいのか，自分の意見を述べる作文問題。最初の段落に自分の選んだ約束を書き，段落を変えて自分の体験談や，最も大切にしたい理由を書く。最後の段落でこれまでに学んだことやこれからの自分の行動をまとめるのが理想である。どの約束を選んだとしても，自分の身近な日常から考えると書きやすい。

★ワンポイントアドバイス★

　自分の考えが，短くわかりやすくまとめられているか確認しよう。作文を書くうえで指定されている条件が多いので，書き忘れていることがないか注意しながら答案を書き進めていこう。

# 2020年度

★★★★★★★★★★★★★★★★★★★★★★★★

# 入 試 問 題

# 2020年度

# 県立東桜学館中学校入試問題

**【適性検査】** (55分) ＜満点：100点＞

1  真実さんの学級では，総合的な学習の時間に，班の中で少人数に分かれてテーマを決め，学習をしています。次の1～4の問いに答えましょう。

1  真実さんと広紀さんは，「新元号　令和」というテーマで調べ学習をすることにしました。次は，そのときの会話の一部です。

真実さん：元号は，大化の改新によって初めて定められたと教科書に書いてあったので，大化の改新について調べてみるよ。

広紀さん：「令和」の「令」には「美しい」という意味があるそうだけれど，「和」の意味と漢字の成り立ちを知りたいので，漢字辞典で調べてみるよ。

(1)  大化の改新に関して，（ A ）～（ D ）に入る人物などを，あとのア～カの中から一つずつ選び，記号で書きましょう。

> （ A ）の死後，（ B ）が天皇をしのぐほどの勢力をもった。その様子を見た（ C ）と（ D ）は，645年に（ B ）をたおした。

ア  中大兄皇子　　イ  藤原道長
ウ  聖徳太子　　　エ  中臣鎌足
オ  聖武天皇　　　カ  蘇我氏

(2)  大化の改新によって，どのようなしくみが整備されましたか。次のア～エの中から正しいものを二つ選び，記号で書きましょう。

ア  天皇を中心とした新しい国づくりを行った。
イ  都や地方の区画を定め，地方から都に役人を派遣して治めさせた。
ウ  豪族が支配していた土地や人々は，武士のものとなった。
エ  有力な豪族が，貴族として政治に参加した。

(3)  漢字辞典を使った場合の「和」の漢字の引き方を，（例）にならって書きましょう。ただし，「音訓さくいん」ではない引き方で書くこと。

（例）「音訓さくいん」を使って，「和」の読み方である「ワ」で調べる。

2  良子さんと勇太さんは，「山形県の男女別，年れい別の人口」というテーマで調べ学習をし，次のページの グラフ を見つけました。

勇太さん：この グラフ は，2010年と2015年の山形県の男女別，年れい別の人口の割合を表したものだね。 グラフ の中にある数字は，それぞれの年の人口全体から見た割合をパーセントで表しているね。

良子さん：この グラフ からいろいろなことがわかるね。

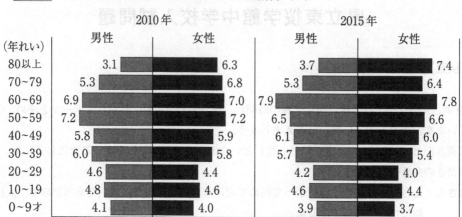

グラフ 山形県の男女別，年れい別の人口の割合（%）

（政府統計の国勢調査のデータから作成）

次のア～エは，良子さんが グラフ から読み取った内容です。まちがっているものを二つ選び，記号で書きましょう。

ア 2010年と2015年の70～79才の男性について，人口の割合は同じであるが，人口が同じかどうかはわからない。

イ 2015年の60才以上の男女を合わせた人口は，2015年の総人口の半分をこえている。

ウ 2015年は，女性の人口より男性の人口の方が多い。

エ 2010年の50～59才の男女のそれぞれの人口は，ほぼ同じである。

3 花子さんと健次さんは，「学校の池のメダカを増やす」というテーマで観察などをすることにしました。

花子さんは，学校の池からつかまえてきた6ぴきのメダカと学校の池からくんできた水を水そうの中に入れ，図1 のように日の当たる窓ぎわに置いてメダカを飼うことにしました。あとの図2 は，その水そうの中の様子です。

図1 水そうを置いている様子

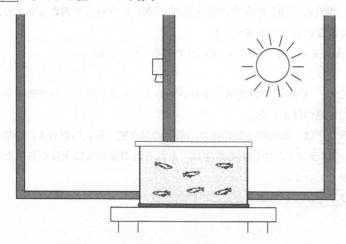

図2 水そうの中の様子

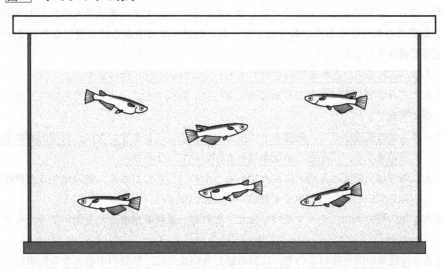

(1) 健次さんは，図1のようなメダカの飼い方だと，メダカを育てたりメダカを増やしたりする
ことは難しいと言いました。花子さんは，メダカの飼い方をどのように直したらよいですか。そ
の説明として正しいものを，次のア～エの中からすべて選び，記号で書きましょう。

　ア　水そうに水草を入れて，メダカのたまごがつきやすいようにする。

　イ　たまごがたくさん産まれるように，メスだけにする。

　ウ　水そうを直射日光の当たらない場所に置いて，水温が上がりすぎないようにする。

　エ　メダカの呼吸に必要な二酸化炭素を増やすために，水草を水そうに入れる。

(2) 図2の水そうの中にいるオスのメダカとメスのメダカの数を，それぞれ数字で書きましょう。

(3) 健次さんは，水の中の小さな生き物に興味があり，水そうの中にミドリムシとイカダモがいる
かどうかを確かめたいと考えました。このことを確かめるときには，次のAとBのどちらのけん
び鏡を使うことが適切ですか。適切であるけんび鏡を，AかBのどちらかの記号で書き，そのよ
うに考えた理由を書きましょう。

A

B

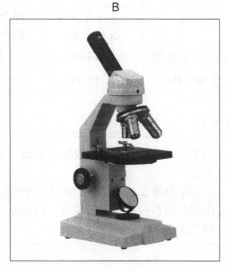

4 学習のまとめとして，班ごとに大きな用紙にまとめることにしました。次の会話は，真実さんが司会者となり，学習のまとめ方を班で話し合った内容の一部です。真実さんの発言①～③には，司会者としてどのようなくふうがありますか。あとの**ア～エ**の中から最も適切なものを一つずつ選び，記号で書きましょう。

真実さん：①これから，これまでの学習のまとめ方について話し合います。

花子さん：これまでの調べ学習でやってきたように，新聞の形式でまとめたらいいと思います。

全　　員：賛成です。

真実さん：②全員賛成なので，新聞の形式でまとめることにします。次に，新聞記事の割り付けを決めますが，中心となる記事はどれがいいでしょうか。

勇太さん：新聞は，たくさんの人に読んでもらうために作るのだから，他の班の人が興味のある内容を，中心となる記事にすればいいと思います。

広紀さん：他の班の人に，テーマだけを伝え，どれが一番興味があるかを聞いてみたらどうでしょうか。

真実さん：③授業時間が終わるので，次回の話し合いまでに，新聞の中心となる記事について，興味があるテーマを学級のみんなに聞いてきましょう。

**ア**　全員の意見をまとめ，さらに次の課題を提案している。

**イ**　一人一人の意見の共通点とちがう点を整理している。

**ウ**　話し合いの目的をはっきりさせている。

**エ**　次の話し合いまでにすることを確認している。


2 桜子さんの家族は，5月の連休に福島県に住んでいる秋代さんの家族を，山形県に招待することにしました。次の1～4の問いに答えましょう。

1 秋代さんの家族に会う前に，桜子さんは山形県の日本一をいくつかしょうかいしたいと考え，次の 資料 を見つけ，わかったことを メモ1 にまとめました。

資料 **山形県の日本一**

|  | 果　　物 |  | 山　　菜 |  |
|---|---|---|---|---|
|  | さくらんぼの収かく量 | 洋なしの収かく量 | わらびの生産量 | たらのめの生産量 |
| 山形県の数値 | 14500 t | 18800 t | 450.2 t | 50.9 t |
| 全国の数値 | 19100 t | 29100 t | 880.4 t | 171.1 t |

（山形県ホームページをもとに作成）

メモ1

・山形県のさくらんぼの収かく量は，全国の収かく量のおよそ（　**A**　）％である。

・山形県の洋なしの収かく量は，全国の収かく量のおよそ（　**B**　）割である。

・山形県のわらびの生産量は，山形県のたらのめの生産量のおよそ（　**C**　）倍である。

(1) （A）～（C）にあてはまる最も適切な数字の組み合わせを，次のア～カの中から一つ選び，記号で書きましょう。

ア　A　76　　　　B　6　　　　C　9

イ　A　132　　　B　2　　　　C　9

ウ　A　132　　　B　6　　　　C　5

エ　A　76　　　　B　6　　　　C　5

オ　A　132　　　B　2　　　　C　5

カ　A　76　　　　B　2　　　　C　9

(2) 次に，桜子さんは，秋代さんの家族にプレゼントを買うためにお店に行き，絵はがき1枚と，同じクッキー2箱を買い，合計で2200円を支はらいました。そのとき，クッキー2箱の値段が，絵はがき1枚の値段より2000円高くなりました。絵はがき1枚とクッキー1箱の値段は，それぞれいくらになるか求めましょう。なお，値段には，消費税がふくまれています。

2　秋代さんの家族がとう着した後，桜子さんの家族は，秋代さんの家族といっしょに観光さくらんぼ園に行きました。そして，農家の方と話をすることができました。次は，そのときの会話の一部です。

秋代さん：さくらんぼは6月に採れるものだと思っていましたが，5月でも食べることができるのですね。

農家の方：ビニールハウスでさいばいすることで，この時期に収かくできます。①花がさく時期には，ミツバチを放し飼いしています。

秋代さん：山形県で，さくらんぼのさいばいがさかんな理由は何ですか。

農家の方：②水はけの良い土地が多いことが，理由の一つと聞いたことがあります。

(1) 下線部①について，ミツバチはどのようなはたらきをしていますか。**おしべ**という言葉を使って説明しましょう。

(2) 下線部②について，後日，秋代さんは，水はけの良い土地のでき方を調べ，その一部を メモ2 にまとめました。正しいまとめとなるように，（A），（B）にあてはまる言葉をそれぞれ書きましょう。また， メモ2 でまとめた水はけの良い土地を表した地図として最も適切なものを，あとのア～エの中から一つ選び，記号で書きましょう。

メモ2

山地では地面のかたむきが大きく，川の水の流れが速いので，土地を（　A　）したり，石や土を運ぱんしたりするといった流れる水のはたらきが大きくなる。平地に出ると，石や土を（　B　）させるはたらきが大きくなる。山地から平地へ流れ出る所では，比かく的大きな石が（　B　）するため，水はけが良い土地となる。また，このような土地は多くの場合，おうぎ状に広がる地形となる。

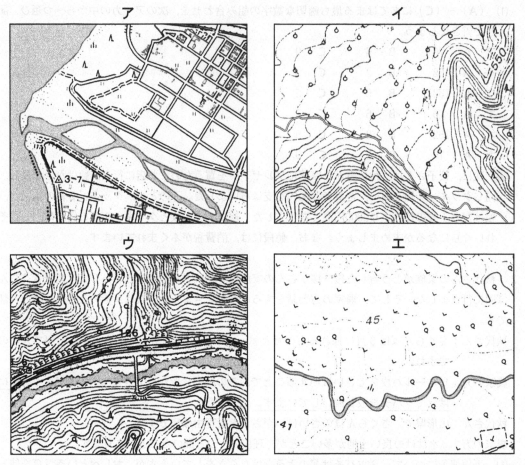

（国土地理院 25000 分の 1 地形図をもとに作成）

(3)　秋代さんの家族は，さくらんぼを買い，クーラーボックスに入れておくことにしました。さくらんぼを入れておくことができるクーラーボックスのスペースは，縦60cm，横45cm，高さ16cmでした。さくらんぼの箱は，縦27cm，横17cm，高さ7cmです。このとき，さくらんぼの箱は，最大で何箱入れることができますか。数字で書きましょう。

3　その後，みんなで上杉神社に行きました。上杉神社の近くには，松岬神社があり，江戸時代の米沢藩の藩主として有名な上杉鷹山がまつられています。次の会話は，秋代さんと桜子さんのお父さんの会話の一部です。

秋代さん：上杉鷹山が生きた江戸時代は，どんな時代だったのかな。

お父さん：江戸幕府がいろいろなことをして，力を強めていったのだよ。そして，長く平和で安定した社会が続き，新しい文化や学問が生まれたんだ。

　江戸時代の文化や学問について，次のA～Dの人物が行ったことの説明として最も適切なものを，あとのア～オの中からそれぞれ選び，記号で書きましょう。

| A　近松門左衛門 | B　杉田玄白 | C　本居宣長 | D　伊能忠敬 |
| --- | --- | --- | --- |

**ア** 松阪の医者で,「古事記伝」という書物を完成させ, 国学の研究を進めた。

**イ** 浮世絵師で, 東海道の名所風景がえがかれた「東海道五十三次」の下絵をえがいた。

**ウ** 天文学や測量術を学び, 全国を測量してまわり, 日本地図の作成に努めた。

**エ** 歌舞伎や人形浄瑠璃の作者として, 町人のいきいきとした姿をえがいた。

**オ** オランダ語の医学書をほん訳し,「解体新書」と名づけて出版した。

4 秋代さんの家族は, 福島県の自宅まで高速道路を利用し, 高速道路上のA地点, B地点, C地点, D地点を通って帰りました。そのとき, 高速道路の入り口からA地点までは30秒かかりました。A地点からB地点までのきょりは4.0kmあり, 時速80kmで走行しました。B地点からC地点までは10秒かかりました。C地点からD地点までのきょりは25.9kmあり, 時速70kmで走行しました。D地点から高速道路の出口までは30秒かかりました。高速道路の入り口から高速道路の出口までにかかった時間を求めましょう。

3 春希さんと友子さんは, 工作や実験が体験できるサイエンスフェスティバルに行きました。次の1～4の問いに答えましょう。

1 最初に, 二人は,「来場記念品を作ろう!」という工作コーナーに行き, 図1 のようなプレートを作り, 最後の仕上げとしてプレートの側面に, 側面のはばと同じはばの装しょくテープをはることにしました。

図1 来場記念品のプレート

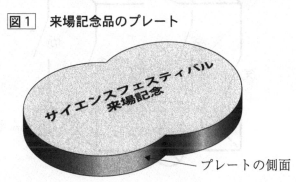

プレートの側面

このプレートを真上から見ると, 図2 のように半径3cmの円が重なった形で, 一方の円周が, もう一方の円の中心を通過していることがわかりました。

図2 プレートを真上から見た図

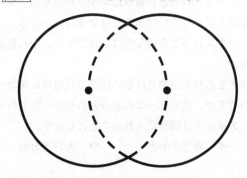

次の**＜条件＞**で装しょくテープをはったときに，装しょくテープの長さは何cm必要ですか。あとの**ア～エ**の中から最も適切なものを一つ選び，記号で書きましょう。

> **＜条件＞**
> ・装しょくテープは，プレートの側面に１周だけまき，装しょくテープのはり始めとはり終わりの重なる長さをできるだけ短くすること。
> ・装しょくテープは，プレートの側面すべてにはり，切れたり，たるんだりしないようにはること。

**ア** 13cm **イ** 26cm **ウ** 31cm **エ** 38cm

2　次に，二人は「豆電球に明かりをつけよう！」という実験コーナーに行きました。この実験コーナーには，豆電球，導線，スイッチとかん電池を使った回路があり，スイッチの入れ方によっては豆電球に明かりがつきます。次の **図3** は，そのときの回路の図です。

**図3**　回路の図

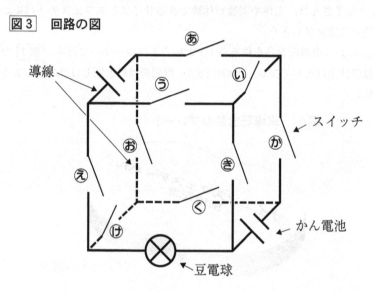

春希さん：⑩と⑩と⑧のスイッチを同時に入れると危険だね。しかも，豆電球に明かりがつかないよ。

友子さん：⑨と⑫のスイッチを入れると豆電球に明かりがつくね。スイッチの入れ方を変えて，別の回路で豆電球の明かりをつけることはできないかしら。

(1)　⑩と⑩と⑧のスイッチを入れると危険なのはなぜですか。**かん電池**と**導線**という二つの言葉を使って説明しましょう。

(2)　⑨と⑫のみのスイッチを入れた回路とは別の回路で豆電球に明かりをつけるためには，どのスイッチを入れるとよいですか。次の**ア～エ**の組み合わせから正しいものをすべて選び，記号で書きましょう。ただし，スイッチは同時に入れることにします。

**ア** ⑤⑩⑧⑨⑫　　　　**イ** ⑩⑤⑩⑩⑧　　　　**ウ** ⑩⑩⑤⑩⑩　　　　**エ** ⑩⑤⑩⑩⑫

**3**　その後，二人は，休けい所に行きました。そこには，│図4│のように円柱の形をした水そうＡと直方体の形をした水そうＢが平らなつくえの上に置いてありました。二つの水そうは高さが等しく，それぞれの水そうの中には何本かのかんジュースが入っています。

│図4│　水そうＡと水そうＢの様子

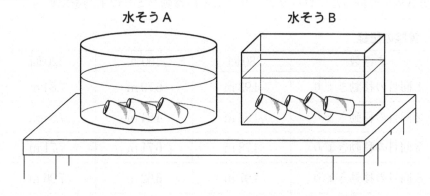

春希さん：二つの水そうは，形はちがうけど，どちらの水そうの容積が大きいのかな。

友子さん：これから係の人が，かんジュースを水そうに追加するので，その様子からわかるよね。

　次の│メモ│は，係の人がかんジュースを水そうに追加したときの様子とその様子からわかったことについて，春希さんがまとめたものです。正しいまとめとなるように，（ア）には数字を，（イ）には**水そうＡか水そうＢ**のどちらかの言葉を書きましょう。

│メモ│

- ・係の人が，二つの水そうに，同じ形のかんジュースを10本ずつ追加した。
- ・かんジュースが完全にしずんだとき，水そうＡは水面の高さが2.0cm上がり，水そうＢは水面の高さが2.5cm上がった。
- ・水面の高さが上がった様子から，水そうＡの底面積は水そうＢの底面積の（　ア　）倍になるので，水そう全体の容積は（　イ　）の方が大きいことがわかった。

**4**　最後に，二人は，体験コーナーでプロペラロープウェイを作りました。プロペラロープウェイは，プロペラをまくと連動してゴムがねじれ，プロペラをはなすとゴムが元にもどろうとする力によってプロペラが回転して風が生まれ，ひもを伝って動いていく模型です。

　体験コーナーではプロペラのまき数を80回にして動かしましたが，春希さんは家に帰ってから，プロペラのまき数を増やすと移動きょりはどのように増えていくのだろうと考え，次のページの│実験の方法│で実験しました。次のページの│表│は実験の記録をまとめたものです。

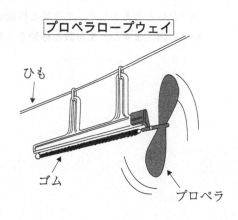

プロペラロープウェイ

ひも

ゴム

プロペラ

実験の方法

① プロペラのまき数は，80回，100回，120回とする。
② プロペラロープウェイが移動したきょりを，それぞれのまき数について5回ずつ測る。
③ 5回ずつ測ったプロペラロープウェイの移動きょりの平均を求める。

表　実験の記録

| まき数 | 80回 | 100回 | 120回 |
|---|---|---|---|
| 1回目の移動きょり | 4.93 m | 6.79 m | 7.84 m |
| 2回目の移動きょり | 4.86 m | 4.54 m | 7.84 m |
| 3回目の移動きょり | 4.78 m | 6.71 m | 7.71 m |
| 4回目の移動きょり | 4.97 m | 6.62 m | 7.96 m |
| 5回目の移動きょり | 4.82 m | 6.59 m | 7.87 m |

(1) 実験の方法 の③にあるように5回ずつ測って平均を求めるのはなぜですか。その理由を**実験の結果**という言葉を使って簡単に書きましょう。

(2) 移動きょりの平均を計算しようとしたときに，100回まきの2回目の記録がとても短いことに気づきました。このときのことをふり返ると，きょりを測っているときにプロペラが手に当たってしまったことを思い出し，この記録は正しく測ることができていなかったのだとわかりました。このとき，100回まきの移動きょりの平均を求めるには，どのようにすればよいですか。次のア～エの中から最も適切なものを一つ選び，記号で書きましょう。

ア　100回まきの5回分の記録を合計し，5で割る。
イ　100回まきの2回目の記録をのぞいて合計し，5で割る。
ウ　100回まきの5回分の記録を合計し，4で割る。
エ　100回まきの2回目の記録をのぞいて合計し，4で割る。

(3) 移動きょりの平均を計算した後，春希さんは，移動きょりがまき数に比例しているかどうかを調べたいと考えました。まき数と移動きょりの平均がどのような関係になっていれば，比例していると言えますか。**まき数**と**移動きょりの平均**という二つの言葉を使って説明しましょう。

【作文】 （四〇分） 〈満点：三五点〉

情報を集める方法について、国語の授業で、次の二つの立場に分かれて討論会をすることになりました。

○ 本から情報を集める。
○ インターネットから情報を集める。

あなたは、情報を集める時に、どちらの立場で情報を集める方法がよいと考えますか。あとの【条件】にしたがって作文を書きましょう。

【条件】

・四百字以上、五百字以内で書くこと。
・文章全体を三段落または、四段落で書くこと。
・第一段落で、どちらの立場で情報を集める方法がよいか、自分の考えとその理由を書くこと。
・第二段落以降に、自分の立場とはちがう立場からの意見を予想し、それに対する自分の意見を書くこと。
・どの段落でもよいので、自分がこれまで体験したことや見聞きしたことをふくめて書くこと。
・数字を書く場合には、漢数字で書くこと。

大切なことはメモしておこうネ！

# 2020 年度

## 解 答 と 解 説

## ＜適性検査解答例＞

1 　1 　(1)　A　ウ　　B　カ　　C　ア　　D　エ
　　　(2)　ア，エ
　　　(3)　「部首さくいん」を使って，「和」の部首である「のぎへん」で調べる。
　　2 　イ，ウ
　　3 　(1)　ア，ウ
　　　(2)　オス　4　　メス　2
　　　(3)　記号　B
　　　　　理由　（例）Bのけんび鏡は，高い倍率で見ることができるから。
　　4 　(1)　①　ウ　　②　ア　　③　エ

2 　1 　(1)　ア
　　　(2)　絵はがき1枚　100円　　クッキー1箱　1050円
　　2 　(1)　おしべにできた花粉をめしべの先につけ，受粉を助けるはたらきをしている。
　　　(2)　A　しん食　　B　たい積　　地図　イ
　　　(3)　10
　　3 　A　エ　　B　オ　　C　ア　　D　ウ
　　4 　26分22秒

3 　1 　イ
　　2 　(1)　かん電池と導線をつなぐと熱くなるから。
　　　(2)　ア，エ
　　3 　ア　1.25　　イ　水そうA
　　4 　(1)　実験の結果の数値に，ばらつきが生じるから。
　　　(2)　エ
　　　(3)　まき数が80回のときを基準として，まき数が1.25倍，1.5倍になると，移動きょり
　　　　　の平均が1.25倍，1.5倍になる関係。

## ○配点○

1 　3(2)　3点　　1(1)(2)・2・3(1)・4　各4点×5　　1(3)・3(3)　各5点×2
2 　1(1)・2(2)　各3点×4　　1(2)・2(3)・3　各4点×3　　2(1)・4　各5点×2
3 　1・4(2)　各4点×2　　2(1)(2)・3・4(1)(3)　各5点×5　　計100点

## ＜適性検査解説＞

1 　（社会・理科：大化の改新，人口，メダカの観察，調べ予習のまとめ方）
　　1 　(1)　聖徳太子の死後，蘇我氏が天皇をしのぐほどの勢力を持った。天皇による中央集権国家
　　　　　を理想とした中大兄皇子と中臣鎌足が蘇我氏を倒した事件のことを，大化の改新という。
　　　(2)　中大兄皇子が天智天皇になった後の日本は，天皇を中心とした中央集権国家が目指され

た。その際，有力な豪族が，貴族として政治に参加するようになった。なお，武士が登場したのは平安時代後半である。

　　(3)　「音訓さくいん」ではない引き方となると，「部首さくいん」あるいは「総画さくいん」の２種類が考えられる。解答例では「部首さくいん」の場合を書いたが，「総画さくいん」の場合，8画のところを調べることになる。

２　グラフはあくまで，年代別の人口の割合を示しており，数は示していない。よって，女性と男性のそれぞれの人口の実数は不明なので，ウは誤り。また，2015年の60才以上の男女の割合を足しても38.5％と50％は超えていないので，イも誤り。

３　(1)　たまごが産まれるようにするには，オスとメスの両方が水そう内に必要なので，イは誤り。水草は二酸化炭素を酸素に変える光合成のはたらきが活発なので，水草を入れても二酸化炭素を増やすことにはならず，エも誤り。よって，アとウが正しい。

　　(2)　オスのメダカの尻びれは平行四辺形，メスのメダカの尻びれは三角形である。

　　(3)　Ｂのけんび鏡は対物レンズが３種類あり，倍率を調整することができる。

４　(1)　①は，「これから」という言葉からも分かる通り，話し合いの目的を述べている。②は，「全員賛成なので」と言って全員の意見を確認したのち，「次に」と次の議題を続けている。③は，「次回の話し合いまでに」とあるので，次回までにしておくことの確認である。

2　（算数・理科・社会：割合，ミツバチのはたらき，大化の改新，体積，江戸時代の文化や学問，速さ）

１　(1)　Ａ　山形県のさくらんぼの収かく量が，全国のさくらんぼの収かく量のうちどれくらいを占めるのか，その割合を計算するには，「山形県のさくらんぼの収かく量÷全国のさくらんぼの収かく量×100」を計算すればよい。

　　　　　Ｂ　さくらんぼと同じように求めると，64.6％となり，これを歩合に直すと約６割となる。

　　　　　Ｃ　山形県のわらびの生産量が，山形県のたらのめの生産量の何倍かを求めるには，「山形県のわらびの生産量÷山形県のたらのめの生産量」を計算すればよい。

　　(2)　（絵はがき１枚）＋（クッキー２箱）＝2200（円），（絵はがき１枚）＋2000＝（クッキー２箱）なので，絵はがき１枚の値段は100円，クッキー２箱の値段は2100円，すなわち１箱の値段は1050円となる。

２　(1)　ミツバチは花と花の間を飛んで，おしべの花粉をめしべに届けるはたらきをしている。これを受粉というが，受粉することで花が咲き，果実をつけることができる。

　　(2)　川はその水の流れによって，土地をけずりとっていく。この作用を「しん食」という。また，川は平地に出るとその流れの勢いがそがれ，ゆるやかになる。そこでは次第に砂利がふりつもっていく。これを「たい積」という。メモ２には，「水はけのよい土地」について，「おうぎ状に広がる地形」と表現している。おうぎ状の地形が見られるのは，イである。イは「せん状地」とよばれ，川が山地から平地に流れ出たところにできやすい地形で，果物を育てるのに適している。

　　(3)　図１のようにまず，さくらんぼの箱をクーラーボックスにつめる。ここでは，３箱入る。次に図２のように余ったスペースに，さらにさくらんぼの箱をつめる。１段にしきつめられるさくらんぼが，５箱である。最後に高さを考えると，16÷7＝2.28…なので，２段つむことができるとわかる。よって，クーラーボックスにつめることのできるさくらんぼの箱の数は，５×２＝10（箱）である。

図1　　　　　　　　　　　　図2

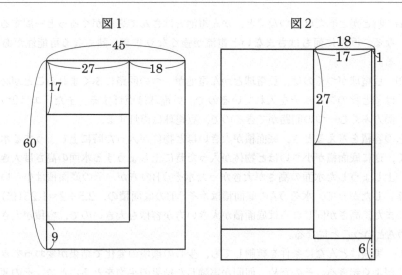

3　近松門左衛門は，歌舞伎や人形浄瑠璃の作者で，代表作として「曽根崎心中」などが挙げられる。杉田玄白は，蘭学医で，前野良沢らとともにオランダの医学書『ターヘル・アナトミア』を日本語訳した『解体新書』を執筆した。本居宣長は医師業のかたわら国学者として『古事記伝』などを著した。伊能忠敬は，17年をかけて日本各地を測量し，『大日本沿海輿地全図』を完成させた。

4　入口～A，B～C，D～入口までにかかった時間はそれぞれ，30秒，10秒，30秒とわかっている。そのため，A～B，C～Dにかかった時間を求めればよい。A～Bは，4kmのきょりを時速80kmで走ったので，求める時間は4÷80×60×60＝180（秒）。C～Dは，25.9kmのきょりを時速70kmで走ったので，求める時間は25.9÷70×60×60＝1332（秒）。これらを全て足し合わせると，30＋180＋10＋1332＋30＝1582（秒）。これを分もふくめた形に直すと，1582÷60＝26あまり22で26分22秒であるとわかる。

3　（算数・理科：円，回路，容積，プロペラの回転）

1　下の図のように重なり合った部分の，おうぎ形の中心角は60°＋60°＝120°となる。つまり求めたい長さの半分に当たるおうぎ形の中心角は，360°－120°＝240°となる。おうぎ形の周りの長さを求めるには，「直径×3.14×$\frac{中心角}{360}$」を計算すればよいので，ここでは，6×3.14×$\frac{240}{360}$＝12.56（cm）となる。これが左右に2つあるので，12.56×2＝25.12（cm）となる。よって，ア～エの中でこの数字に最も近いのは，イである。

図

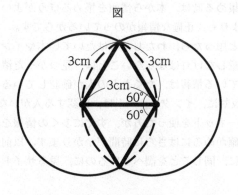

2 (1) ⒤と⒦と⒧だけをつなぐと，かん電池をはさんで導線がぐるっと一周するだけの回路になる。回路に何もはさまないと電流が強くなりすぎ，熱くなる可能性があって危険になる。

   (2) 豆電球がつくのは，豆電球とかん電池が一つの回路にふくまれることが必要である。アは⒦と⒢のスイッチを入れているので，豆電球は点灯する。また，エは2つのかん電池を両方ふくむ一つの回路ができるので，豆電球は点灯する。

3 水の容積を考えるとき，底面積が大きいほど物体が入った時に上しょうする水面の高さは小さく，逆に底面積が小さいほど物体が入った時に上しょうする水面の高さは大きくなる。よって，上しょうした水面の高さが大きかった水そうBの方が，その底面積は小さいということになる。したがって，水そうAの底面積は水そうBの底面積の，2.5÷2＝1.25（倍）になるといえる。また，高さが同じならば底面積が大きい方が容積も大きいので，容積が大きい水そうは水そうAということになる。

4 (1) 実験はどんなに条件を統制しても，少しの環境の変化で結果が変わってきてしまうことがよく起きる。そのため，何回か実験した結果の平均をとることで，その変化の程度を小さくする必要がある。

   (2) 2回目の記録がとても短かったのならば，2回目の記録をのぞいた残りの4回の記録の平均をとればよい。2回目のような記録のことを「はずれ値」というが，これを入れて平均を出すと，真実の値よりも大きすぎる値や小さすぎる値が出てしまう。

   (3) まき数は80回に対して100回，120回は，1.25倍，1.5倍になっている。これと同じように，移動きょりの平均が1.25倍，1.5倍になっている関係であればよい。こうした関係を「比例」という。

★ワンポイントアドバイス★

正しい知識を問われる問題が多いほか，資料を読んで答える問題や記述で解答する問題が多い。何を答えなければいけないかを正しくとらえ，指示された言葉などの必要なことをうまく盛り込んで文章をまとめる練習をしておくのがよいだろう。

＜作文解答例＞　《学校からの解答例の発表はありません。》

　わたしは，情報を集める時は，本から情報を集めるほうがよいと考えます。なぜなら，本にはインターネットよりも，正確な情報がのっているからです。

　なにかを調べたいと思ったら，わたしたちはたいてい本やインターネットから情報をさがします。その時，注意しなければならないことは，見つかった情報が正しいかどうかということです。本にのっている情報は，たくさんの人が確認しているから正確だと，わたしは学校で教わりました。反対に，インターネットは，確認する人がいないこともあるそうです。

　たしかに，インターネットを使った方が，すぐに多くの情報を調べられますが，その情報が本当に正しいかを確かめるにはさらに時間がかかります。以前，野菜についてインターネットで調べていた時に，同じことを調べているのに，見るサイトによって違う情報が書いて

あって，結局どの情報が正しいのかを本で確認したことがありました。

　このように，インターネットより本のほうが情報が正確で，知りたいことが早くわかることもあります。だから，わたしは本から情報を集めるほうがよいと思います。

○配点○

35点

## ＜作文問題解説＞

問題（国語：適語補充，作文）

　情報を集めるには本とインターネットのどちらを利用すればよいのかということについて，自分とは異なる意見があることを想定し，自分の体験や見聞きしたことをふまえた上で自分の意見を述べる作文問題。一番はじめの段落に自分の意見とその理由を書き，その後段落を変えて自分の体験談や，ちがう立場からの意見に対する自分の意見を書いて，最後の段落で伝えたい内容をまとめるのが理想である。

　★ワンポイントアドバイス★

作文を書くときは，読む人が誰でも読めるようなていねいな字で書くことを心がけよう。作文を書く上で指定されている条件が多いので，書き忘れていることがないか確認しながら答案を書き進めていこう。

# MEMO

大切なことはメモしておこうネ！

# 2019年度
**★★★★★★★★★★★★★★★★★★★★★**
# 入 試 問 題

# 2019年度

# 県立東桜学館中学校入試問題

**【適性検査】** （55分）　＜満点：100点＞

1　総合的な学習の時間に，真実さんたちの班は，「山形のものづくり」というテーマで，調べたり工場見学に行ったりしています。次の1～4の問いに答えましょう。

1　真実さんと広夫さんは，山形のものづくりの歴史について調べ，資料1 を見つけ，それを見ながら気づいたことを話しています。

資料1

> 　山形県のものづくりの歴史は，約950年前（平安時代）に作られた山形鋳物※までさかのぼります。その後，初代山形藩主，最上義光の時代に，鋳物，織物などがさかんに作られるようになりました。その後も，多種多様で確かな技術が長い時間をかけて育まれ，現在の「ものづくりがさかんな山形県」が築かれました。

（山形県の資料をもとに作成）

※鋳物…加熱してとかした金属を型に流し込み，型から取り出して作った金属製品。

真実さん：鋳物製造の技術は，山形鋳物が作られ始めたころよりも前からあって，東大寺の大仏にも同じような技術が使われているのよね。

広夫さん：今でも山形鋳物の製造はさかんで，国の伝統的工芸品の指定を受けているそうだよ。中でも，茶道で使う，火にかけてお湯を沸かすための「茶がま」は，有名だよ。

(1)　東大寺の大仏を作るためには，鋳物製造の技術の他にもすぐれた技術が必要でした。そのために，当時どのような政策が行われましたか。次のア～エの中から1つ選び，記号で書きましょう。

ア　市場の税や関所をなくし，商業や工業をさかんにした。

イ　とても大きな工場を作り，全国各地で女子の労働者を募集し働かせた。

ウ　大陸から渡ってきた渡来人とよばれる人々に協力してもらった。

エ　中国や朝鮮半島の国々を視察し，外国から機械を買い，技師を招いた。

　広夫さんは，「茶がま」に興味をもち，その特ちょうなどについて調べているときに，金属と水の温まり方について，授業で習ったことを思い出しました。

(2)　図1 のように1点から金属板を温める場合と，図2 のように1点からビーカーの水を温める場合で，それぞれどのように温まっていくでしょうか。図1 はあとのア～ウの中から1つ選び，図2 はあとのエ～カの中から1つ選び，記号で書きましょう。なお，矢印の向きは温まり方の向きをイメージとして示しています。また，「●」は，熱したところを示しています。

（図1，図2は次のページにあります。）

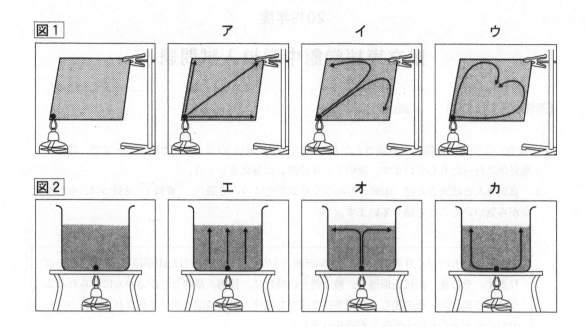

図1　ア　イ　ウ

図2　エ　オ　カ

2　光子さんは，山形の製造業について調べ，2016年の東北6県別の資料をもとに，次のようなメモを作りました。

東北6県別，全ての事業所※で働く人の中で，製造業の事業所で働く人の割合

| 項目<br>県名 | 【A】<br>全ての事業所で<br>働く人の数（人） | 【B】<br>製造業の事業所で<br>働く人の数（人） | 【A】の中の【B】<br>の割合（%） |
|---|---|---|---|
| 青森 | 499000 | 55000 | 11.0 |
| 岩手 | 525000 | 85000 | 16.2 |
| 宮城 | 1007000 | 111000 | 11.0 |
| 秋田 | 414000 | 60000 | 14.5 |
| 山形 | 475000 | 96000 | （　⑦　） |
| 福島 | 806000 | 150000 | 18.6 |

（総務省統計局の資料をもとに作成）

※事業所…商店，工場，事務所，銀行，病院，発電所などの事業を行う場所のこと。

　（⑦）にあてはまる割合を計算して，書きましょう。答えは，四捨五入して，$\frac{1}{10}$の位（小数第1位）までのがい数で書きましょう。

3　花子さんは，工業団地に工場見学に行き，工場で働く多田さんにインタビューしました。次のページは，そのときのインタビューの内容です。

花子さん：この工場の機械では，どれくらいの製品を作ることができますか。

多田さん：1時間に4000個を作ることができます。製品を作っているときには，土日，祝日も休まず，24時間ずっと機械を動かしています。

花子さん：製品は，工場からトラックで運んでいくのですか。

多田さん：そうです。10tトラック1台で1ケース20個入りの製品を，1900ケース運ぶことができます。製品をトラックに積みこむまでには時間がかかります。例えば，9月2日に10000ケースの注文があったときには，9月3日の午前9時から製品の製造を始め，すべての製品を作り終えたあとすぐに製品を検査しました。その検査には，ちょうど48時間かかりました。その後，すぐにトラックに積みこみを始め，10000ケースの積みこみが終わるまでにちょうど3時間かかりました。

花子さん：最後に，製品を作るときに大切にしていることを教えてください。

多田さん：安心，安全な製品を作ることを何より大切にしています。

花子さん：今日は，おいそがしいところ，ありがとうございました。

(1) 下線部の注文の製品は，何月何日の何時に，トラックへの積みこみが終わりましたか。インタビューの内容をもとに書きましょう。

　　花子さんは，帰りに工業団地の周りの道路を一周し，その広さにおどろき，おおよその面積を求めたいと考えました。次のページの 地図 は，工業団地のしき地を太線で囲み，周りの道路のおおよその長さを書き込んだものです。

(2) 次のメモは，花子さんが太線で囲まれた工業団地のしき地のおおよその面積を求めたときの考え方です。 ア にあてはまる言葉を書きましょう。また， イ にあてはまる式を書きましょう。

> ・おおよその面積なので，工業団地の中にある道路もふくめて計算する。
>
> ・工業団地のしき地の形を ［　　　　ア　　　　］ と考えると，
> 　求める式は，［　　　　イ　　　　］ となる。

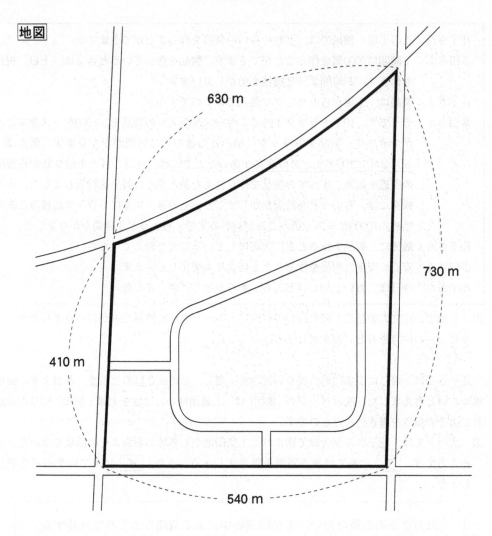

地図

630 m

730 m

410 m

540 m

4　真実さんは，班員がこれまで行った活動をまとめ，学級のみんなに山形のものづくりについて知ってもらうために，報告文を書いている途中です。

報告文

## 山形のものづくりについて

1　　　　A

　　　山形はものづくりがさかんだと聞いたことがあり，興味がわいたから。

2　　　　B

　　　・インターネットや図書館の本などで調べた。

　　　・工場に見学に行き，工場の方にインタビューをした。

3　調べた結果

　　　製造業の事業所で働く人の割合が，東北６県の中で山形県の割合が高く，歴史の資料には平安時代から山形鋳物が作られるようになり，いろいろな技術が長い間をかけて育まれ，現在の「ものづくりがさかんな山形県」となったと書いてあり，工場見学ではた

くさんの製品が作られているところを見て，インタビューでは安心，安全な製品を作る
ことを何より大切にしているということを聞いた。

4 　　　　C

　山形のものづくりは長い歴史があり，現在でも，さかんであることがわかった。また，
ものを作る人たちは，買った人のことを考えてものづくりをしているのだとわかり，身
の回りのものを大切にしていきたいと思った。

　これからは，もっとくわしく調べたり，ものづくりとどう関わっていくべきかを考え
たりしていきたい。

(1) 　A 　～ 　C 　には，見出しが入ります。あてはまる言葉を次のア～オの中から選び，それぞ
れ記号で書きましょう。

　ア　調べた結果から考えたこと・感想　　イ　準備したもの　　ウ　調べようと思ったわけ

　エ　調べた方法　　　　　　　　　　　　オ　予想したこと

(2) 　4～5ページの 　報告文 　について，班で話し合ったところ，「3　調べた結果」の書き方で
は，読む人にとってわかりにくいのではないかという意見が出ました。読む人が読みやすくな
るためには，どのように直したり工夫したりするとよいでしょうか。具体的に書きましょう。

2 　健次さんたちの学級では，2020年に行われる東京オリンピック・パラリンピックについて，個人
でテーマを設定して調べています。次の1～4の問いに答えましょう。

1 　健次さんは，陸上競技の世界記録に興味をもち，歴代の記録を調べたところ，次の 　表 　を見つ
けました。そして，歴代1位の記録を上回る時速38kmで100mを走るとすると，タイムは何秒だろ
うと考え，計算しました。 　メモ 　は，その計算をしたときのものです。

表　男子100m競走　上位5人のタイム（2018年4月1日現在）

| 順位 | タイム | 名前 | 国名 | 平均の速さ |
|---|---|---|---|---|
| 1 | 9.58秒 | ウサイン・ボルト | ジャマイカ | 時速 37.6 km |
| 2 | 9.69秒 | タイソン・ゲイ | アメリカ合衆国 | 時速 37.2 km |
| 2 | 9.69秒 | ヨハン・ブレーク | ジャマイカ | 時速 37.2 km |
| 4 | 9.72秒 | アサファ・パウエル | ジャマイカ | 時速 37.0 km |
| 5 | 9.74秒 | ジャスティン・ガトリン | アメリカ合衆国 | 時速 37.0 km |

（国際陸上競技連盟の記録をもとに作成）

メモ

・38kmは38000mで，1時間は3600秒になる。

・100mを時速38kmで走ったときのタイムは，きょりの100mを速さで割る計
算をするとよい。

・その考えから，導き出した式 　　　　　　A 　　　　　を計算すると，
答えは9.4736…となる。

・これを，陸上競技の計測のきまりにあてはめると，100mの公式タイムは9.48
秒となる。

$\boxed{A}$ にあてはまる式を，次のア〜エの中から１つ選び，記号で書きましょう。

ア　$100 \times (38000 \div 3600)$　　イ　$100 \div (38000 \div 3600)$

ウ　$100 \div (3600 \div 38000)$　　エ　$(38000 \div 3600) \div 100$

2　勇太さんは，オリンピック選手には高地トレーニングをしている選手がいることを知り，調べたことをもとにメモを作りました。

> **高地トレーニングについて**
>
> ・⑦高地になるにつれ，平地に比べて空気がうすくなり，空気の量が少なくなる。
> ・そうなると，平地に比べて酸素の量も少なくなる。
> ・だから，高地になればなるほど，人間の体の中に酸素を取りこむ量が少なくなり，体内の血液中の酸素の量が低下する。
> ・そこで，体の中の酸素の量を確保するために，⑦体は酸素を運ぱんするための能力を向上させていく。

下線部⑦についてさらにくわしく調べ，標高が０ｍの地点の空気の濃さを100％としたときの，標高によって空気がうすくなっていく様子を $\boxed{グラフ}$ に表しました。

あとの $\boxed{図1}$ 〜 $\boxed{図3}$ は，勇太さんが $\boxed{グラフ}$ をもとに，標高０ｍ，1400ｍ，2400ｍの様子をイメージとして空気のつぶで表そうとしたものです。ただし， $\boxed{図2}$ は完成していません。

$\boxed{グラフ}$　**標高によって空気がうすくなっていく様子**

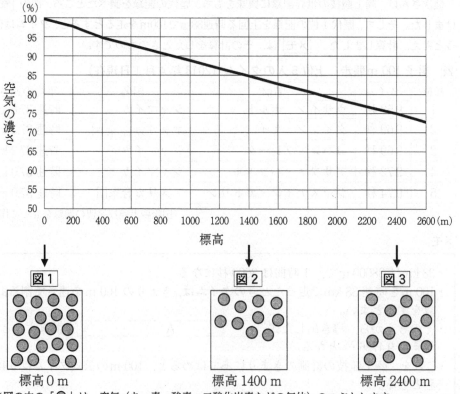

図1　標高０ｍ　　図2　標高1400ｍ　　図3　標高2400ｍ

※図の中の「◉」は，空気（ちっ素，酸素，二酸化炭素などの気体）のつぶとします。

(1) 前のページの グラフ から計算すると，前のページの 図2 は空気のつぶが足りません。空気のつぶは，あと何個必要でしょうか，数字で書きましょう。

下線部㋐について，勇太さんは，酸素が口・鼻から入り，体の中を移動し，体のすみずみまで運ばれていく様子を，次のように表そうとしています。

> 口・鼻 → 気管 →（ A ）→ 血管 →（ B ）→ 血管
> → 筋肉・体のすみずみ

(2) （ A ），（ B ）に入る適切な臓器の名前を，次のア～キの中から選び，それぞれ記号で書きましょう。

ア 心臓　　イ かん臓　　ウ じん臓　　エ 小腸　　オ 大腸　　カ 胃　　キ 肺

3 桜子さんは，東京オリンピック・パラリンピックのメダルについて調べ，資料1 を見つけました。

資料1 新聞記事の一部

---

2018年5月11日（金曜日）

### 小型家電　メダルに変身

東京オリンピック・パラリンピックのメダルの素材に使用済み小型家電を使う「都市鉱山※からつくる！みんなのメダルプロジェクト」に，山形市の会社が参加している。

持続可能な社会を目指す大会組織委員会が進めるプロジェクト。メダルはオリンピックとパラリンピックを合わせて金，銀，銅それぞれ1666個を製造予定で，金10kg，銀1.2t，銅700kgほどが必要となる。一般的なパソコンには金0.5g，銀3g，銅430gほどがふくまれるという。

---

（山形新聞の記事をもとに作成）

※都市鉱山…都市にある使用済みの電化製品には，金・銀などの貴重な金属がふくまれることから，都市を鉱山にたとえた言葉。

資料1 を読んだ桜子さんは，メダルに必要な金，銀，銅を集めるためのパソコンの台数と，持続可能な社会について考えたいと思いました。

(1) 資料1 をもとに，メダルに必要な金，銀，銅を，一般的なパソコンからすべて取り出したとき，1.2tの銀を取り出すまでに，必要となるパソコンは約何台になるでしょうか。最も適切なものを次のア～エの中から1つ選び，記号で書きましょう。

ア　約2000台

イ　約2万台

ウ　約4万台

エ　約40万台

(2) 下線部とは，どのような社会の実現を目指しているのでしょうか。未来，資源という2つの言葉を使って説明しましょう。

4 友子さんは，オリンピック・パラリンピックが，東京で行われるのが2回目だと知り，前回の1964年に開催(かいさい)されたころの日本の様子について調べています。

(1) 前回は，高度経済成長の中で開催されました。次のア～エのできごとの中で，高度経済成長の時期にあてはまるものをすべて選び，記号で書きましょう。

| ア | イ | ウ | エ |
|---|---|---|---|
|  |  |  |  |
| 日本と韓国(かんこく)が共同でサッカーワールドカップを開催した。 | 女性が初めて選挙(せんきょ)で投票する権利をもった。 | 東京と大阪(おおさか)の間に東海道新幹線(とうかいどう)が開通した。 | 大阪で最初の日本万国博覧会(ばんこく)が開かれた。 |

(2) 友子さんは，1964年当時と2016年の家計の1か月の収入額と商品の値段(ねだん)をまとめた 資料2 を見つけました。 資料2 を見ながら会話をしている一郎さんの会話の空らん □ にあてはまる言葉を，「なぜなら，」という言葉に続けて具体的に書きましょう。

資料2

| 〔家　　計〕 | | 1964年 | 2016年 |
|---|---|---|---|
| | 1か月の収入額<br>（2人以上の家庭の平均） | 58217円 | 526973円 |
| 〔商品の値段〕 | | 1964年 | 2016年 |
| バナナ（1kg） | | 228円 | 259円 |
| ラーメン（1ぱい） | | 59円 | 573円 |

（総務省統計局ホームページをもとに作成）

友子さん：バナナの値段は，1964年と2016年でほとんど同じだね。バナナは昔から値段が安いんだね。

一郎さん：そうかな。1964年のバナナの値段は安くないと思うよ。

> なぜなら，

友子さん：なるほどね。時代とともに，ものの価値(かち)が変化しているんだね。

③ 小学6年生の春男さんと中学生の姉の夏実さんは，おじさんがおもちゃを売るお店を始めたと聞き，お店に行きました。次の1～4の問いに答えましょう。

1 おじさんのお店の中に入ると，おもちゃの箱がたくさん置かれていました。2人は，その箱の中に， 図1 （次のページ）のような線が印刷され，1つの面に色がぬられている立方体の箱を見

つけました。

　図1　の線は，辺AB，辺AD，辺AEのそれぞれの真ん中の点ア，イ，ウと，辺CG，辺FG，辺GHのそれぞれの真ん中の点エ，オ，カを通っています。また，図2　は，この箱の展開図です。

図1　立方体の箱

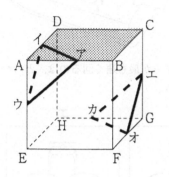

図2　展開図

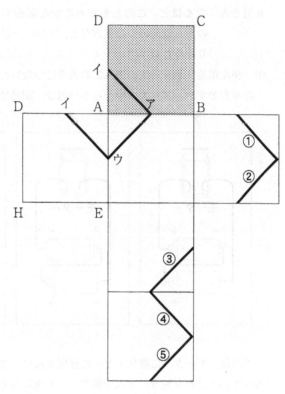

(1)　図2　の展開図に，図1　の線がすべてかいてあるものとするとき，点エ，オ，カを結んだ線を　図2　の①～⑤の線の中からすべて選び，記号で書きましょう。

　さらに他の箱を見てみると，次のような，縦横1cmの方眼の上に4種類のマークがえがいてある箱を見つけました。

ア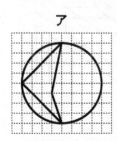　イ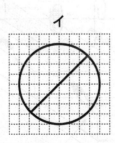　ウ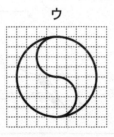　エ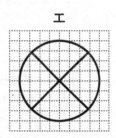

(2)　太線でえがかれたア～エのマークの中から，線対称でもあり点対称でもあるものをすべて選び，記号で書きましょう。

2　お店には，体験コーナーがあり，船のおもちゃなどで遊ぶことができます。2人は，その船の
おもちゃについて話をしています。

春男さん：この船は，プロペラがついているね。

夏実さん：そうね。かん電池ボックスにかん電池を2個
　　　　　入れると，中のモーターに電流が流れて，プロ
　　　　　ペラが回り，前に進むしくみだね。

春男さん：なるほど。このおもちゃのかん電池ボックス
　　　　　のかん電池のつなぎ方だと，プロペラが速く回
　　　　　りそうだね。

船のおもちゃ

プロペラ

(1)　かん電池2個を，次のア〜エのようにつないだとき，モーターが最も速く回るのは，どのつ
なぎ方ですか。ア〜エの中から1つ選び，記号で書きましょう。

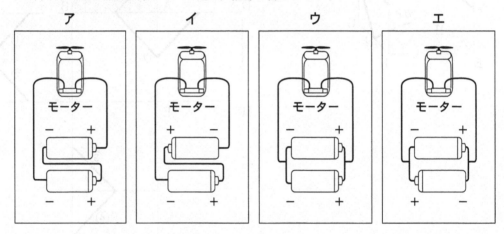

その後，モーターに興味をもった春男さんは，夏実さんからモーターの中には電磁石と磁石が
入っていることを聞き，2人で協力し，お店にあるもので，図3のように電磁石と磁石を使っ
たモーターを，机の上に作りました。

図3　電磁石と磁石を使ったモーター

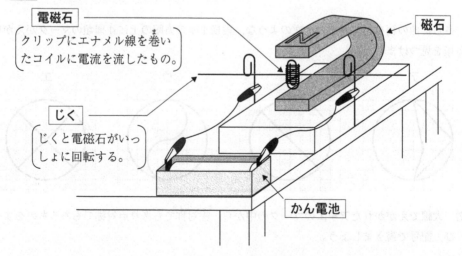

電磁石
クリップにエナメル線を巻い
たコイルに電流を流したもの。

磁石

じく
じくと電磁石がいっ
しょに回転する。

かん電池

2人は，電磁石のコイルの巻き数を多くした方が速く回るだろうと考え，10回巻きと20回巻きのモーターを作り，実験をしました。しかし，回転の速さのちがいを，目で見て確かめることができなかったので，図4のように片方のはしに小さなおもりをつけた30cmの糸を準備し，ストップウォッチを使って確かめました。

図4　片方のはしに小さなおもりをつけた30cmの糸

30cmの糸 ←　　　　　　　　　　　　　　　　　　　　→ 小さなおもり

(2)　2人は，どのようにして回転の速さのちがいを確かめたのでしょうか。**おもりをつけた糸**，**ストップウォッチ**の2つの言葉の両方と，図3の中の**磁石**，**かん電池**，**じく**の言葉のどれか1つを使って説明しましょう。

次の会話は，実験が終わったあと，2人がおじさんと実験の様子について話した内容の一部です。

おじさん：すごい！モーターは20回巻きのコイルの方が，10回巻きのものより速く回ることがわかったんだね。実験のときに変える条件は1つだけにするともっとよかったね。

夏実さん：そうか。コイルの巻き数を変えると，巻き数だけではなく，エナメル線の長さや全体の重さも変わってしまうものね。

春男さん：へえ，そうなんだ。今度お店に来たときに，その実験のやり方を教えてね。

(3)　下線部のようにする理由を，**条件**，**結果**の2つの言葉を使って，簡単に説明しましょう。

3　次に，春男さんと夏実さんは，体験コーナーにあった囲碁セットの白と黒の碁石を，次のように並べて遊びました。

(1)　このように1辺に5個の碁石を並べて，並んでいるすべての白と黒の碁石をそれぞれ数えたとき，どちらの碁石が何個多くなるか，書きましょう。

この遊びを続けているうちに，春男さんは，白と黒の碁石の数の差にはきまりがあることに気がつきました。

(2)　1辺に50個の碁石を並べるとき，どちらの碁石が何個多くなるか，書きましょう。

4　夕方になり，2人が家に帰ろうと外に出たところ，目の前には，秋のきれいな夕焼けが見えました。それを見て，おじさんが「きれいな夕焼けだから，明日は晴れそうだね。」と言い，そのように予想できる理由を，次のページのように説明してくれました。

夕焼けが見えるということは，　①　に沈みかけている太陽が雲にかくれていないということだから，　②　の空が晴れているということになるね。また，日本の秋の天気は，　③　から変わることが多いから，夕焼けが見えた次の日は晴れることが多いということになるのだよ。

　①　〜　③　にあてはまる言葉の組み合わせとして最も適切なものを，次のア〜カの中から1つ選び，記号で書きましょう。

ア　①東　②東　③東　　　　イ　①東　②東　③西
ウ　①東　②西　③東　　　　エ　①西　②東　③西
オ　①西　②西　③東　　　　カ　①西　②西　③西

# 【作文】 （四〇分） （満点：三五点）

あなたが、これまで努力してきたことや達成したことはどのようなことですか。そして、その努力したことや達成したことを通して、どのようなことを考えましたか。次のA～Fのことわざの中から一つ選び、そのことわざを文章の中で適切に使って、具体的に書きましょう。また、あとの【条件】にしたがって、書きましょう。

A 石の上にも三年　　　　　B 急がば回れ

C 好きこそものの上手なれ　D 早起きは三文の得

E 善は急げ　　　　　　　　F ちりも積もれば山となる

【条件】

・選んだことわざの記号を、解答用紙の□の中に書くこと。

・文章全体を三段落または四段落で書くこと。

・四〇〇字以上、五〇〇字以内で書くこと。

・数字を書く場合は、次の例にならって書くこと。

例

| 三 | 五 |
|---|---|
| 五 | 〇 |

大切なことはメモしておこうネ！

# 2019 年 度

# 解 答 と 解 説

## ＜適性検査解答例＞

1 1 (1) ウ

     (2) （図1） ア （図2） オ

  2 ⑦ 20.2

  3 (1) 9月7日の午後2時

     (2) ア （次の中から1つ）

        ・台形

        ・三角形2つを組み合わせた形

        ・長方形1つと三角形1つを組み合わせた形

      イ （次の中から1つ）

        ・(410＋730)×540÷2

        ・410×540÷2＋730×540÷2

        ・410×540＋(730−410)×540÷2

  4 (1) A ウ　B エ　C ア

     (2) （次の中から1つ）

        ・調べた内容ごとに，段落に分けて書くとよい。

        ・1文が長いので，いくつかの文に分けて書くとよい。

        ・数字を使うなどして，具体的に書くとよい。

2 1 A イ

  2 (1) 7(個)

     (2) (A) キ　　(B) ア

  3 (1) エ

     (2) （次の中から1つ）

        ・未来に生きる人々の幸福のために，かん境を大切にし，資源を使い切ってしまわない社会。

        ・できるだけ遠い未来まで，資源をリサイクルしながら，大切に使っていく社会の実現を目指している。

  4 (1) ウ，エ

     (2) （なぜなら，）1964年の1か月の収入額とラーメンの値段は2016年の約10分の1だけれども，バナナの値段は2016年とほとんど同じだからね。

3 1 (1) ②，③，④

     (2) イ，エ

  2 (1) ア

     (2) おもりをつけた糸をじくに結び，ストップウォッチですべての糸をまき取る時間を測る。

(3)　(次の中から1つ)
　　・2つ以上の条件を変えてしまうと，どの条件が結果にえいきょうをあたえている
　　　のかがわからなくなるから。
　　・どの条件が，速く回るという結果にえいきょうをあたえているのかを明らかに
　　　するため。
3　(1)　白(の碁石が，)5(個多い。)
　(2)　黒(の碁石が，)50(個多い。)
4　カ

○配点○
1　1(1)・4(2)　各4点×2　1(2)　各2点×2　　2　5点　　3(1)　6点　　3(2)ア・イ　各3点×2
　4(2)　完答4点
2　1・2(1)・4(1)　各4点×3　　2(2)　完答4点　　3(1)　5点　　3(2)・4(2)　各6点×2
3　1(1)　完答4点　1(2)　4点　　2(1)・3(1)・4　各3点×3　　2(2)(3)　各6点×2　　3(2)　5点
計100点

## ＜適性検査解説＞

1　1　(1)　中国や朝鮮から日本にやって来た渡来人は，とても優れた技術を持っており，進んだ文
　　　化を日本に伝えた。大仏づくりでは，渡来人からもたらされた多くの技術が使われた。
　　(2)　金属は，熱した部位に近い所から順に熱が伝わりあたたまっていく。そのあたたまり方
　　　に上下や左右の方向の区別はない。水は，図2のように下の方から熱すると，その部分の
　　　あたたまった水が上に動く。そして生まれる水の流れで，上の方にあった冷たい水は逆に
　　　下の方に動く。

2　96000÷475000×100＝20.21…
　$\frac{1}{10}$の位までのがい数で答えるので，四捨五入して20.2となる。

3　(1)　10000ケースの注文があったとき，1ケース20個なので製造する個数は
　　　20×10000＝200000(個)となる。
　　　また，この工場で1時間に作ることのできる個数は4000個である。よって200000個の製
　　　品を作るのにかかる時間は，
　　　200000÷4000＝50(時間)である。
　　　そのあと検査に48時間，積み込みに3時間かかるのですべての作業にかかる時間の合計
　　　は，
　　　50＋48＋3＝101(時間)である。
　　　101時間は4日5時間であり，作業の開始の9月3日午前9時から4日5時間経過した時間を
　　　計算すると，9月7日午後2時となる。午後2時を14時と答えてもよい。
　　(2)　しき地の形は様々にとらえることができる。ひとつめに上底が410m，下底が730m，
　　　高さが540mの台形ととらえる見方をすると，台形の面積は(上底＋下底)×高さ÷2で求
　　　められるので，イの式は(410＋730)×540÷2となる。またほかにも，三角形を2つ合
　　　わせた形と見る方法もある。底辺が410m，高さが540mの三角形と底辺が730m，高さ
　　　が540mの三角形の二つに分けて見ると，式は410×540÷2＋730×540÷2となる。更
　　　に長方形1つと三角形1つを合わせた形として見ることもできる。たて，横がそれぞれ

410m，540mの長方形，底辺が(730−410)m，高さが540mの三角形として見ると，計算式は410×540＋(730−410)×540÷2となる。

4 (1) ┃報告文┃の内容を見て考える。

(2) ┃報告文┃3 調べた結果に一度目を通す。一文がとても長いことや，ひとつの段落の中に色々な情報が詰め込まれていることに気づくことができるだろう。また，「製造業の事務所で働く人の割合が，東北6県の中で山形県の割合が高く，」とあるが，具体的な数字がしめされていないので，さらに詳しく書き加えるという工夫もできる。

┃2┃ 1 そのまま計算しようとすると，きょりを時間で割るので100m÷時速38kmとなるが，単位をすべて秒とmに合わせる必要がある。時速38kmは1時間で38km走るということだが，これを秒・mに変えると「3600秒で38000m走る」という言い方になる。1秒あたりの速さ(秒速)は，38000÷3600の式からみちびき出せる。

よって秒速(38000÷3600)mとなり，きょりの100mを速さ(秒速)で割ると，

100÷(38000÷3600) これを計算すると9.4736…となることを確かめておく。

2 (1) 表1 空気の濃さとつぶの数

| | 空気の濃さ(%) | 空気のつぶ(個) |
|---|---|---|
| 図1 | 100 | 20 |
| 図2 | 85 | ? |
| 図3 | 75 | 15 |

┃図1┃～┃図3┃の空気の濃さと空気のつぶを表にすると表1のようになる。

100÷20＝5，75÷15＝5より，つぶの個数と空気の濃さは対応していて，5%ごとにひとつぶずつ丸が描かれていることがわかる。よって85%では85÷5＝17(個)のつぶが描かれるので，┃図2┃では7つの丸が足りない。

(2) 空気を吸い込む臓器は肺である。また，肺で血液に吸収された酸素はいったん心臓に運ばれて，心臓のポンプによって送り出されてからだのすみずみに行き届く。

3 (1) ┃銀┃は1.2t必要である。1.2tをgに直すと，1.2t＝1.2×1000kg＝1.2×1000×1000gであり，これを計算すると1200000gとなる。パソコン1台に含まれる銀は3gなので，1200000÷3＝400000，よって約40万台のパソコンが必要となる。

(2) 持続可能な社会とは，将来の人々が必要とする地球環境や資源を損なうことなく，現代のわたしたちの要求を満たす開発が行われている社会である。「未来」「資源」という言葉を使う指定があるので，うまくこれらの言葉を使いながら，必要なことばを補って解答する。

4 (1) 高度経済成長期は1954年～1973年の間続いた。この時期の代表的な出来事は東京オリンピックである。1964年10月1日，東京オリンピック開幕の直前に東海道新幹線が開通した。また，アジア・日本で最初の万博開催となった大阪万博が1970年に行われた。太陽の塔がそのシンボルとして非常に有名である。選択肢アの日本と韓国による共同ワールドカップ開催は2002年，イの女性が選挙で投票する権利を持ったのは1945年の出来事である。

(2) ┃資料2┃の1か月の収入額を見ると1964年では58217円，2016年では526973円と，実に10倍近く多くなっていることが分かる。さらにラーメン1ぱいの値段を見ても，59円が573円になっており，お金の価値が1964年と2016年では大きくちがっていることが分かるだろう。しかしバナナは1964年で228円，2016年で259円と，あまり変化がないこと

が分かる。昔の人にとってのバナナの価値と今のわたしたちにとってのバナナの価値に大きく違いがあることを読み取る。

3　1　(1)　図2の展開図に，全ての頂点と，展開したときの線を書き込むと次のようになる。

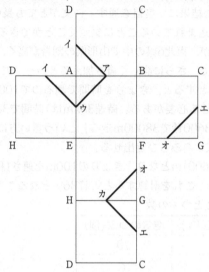

エは辺CGの中点，オは辺FGの中点，カは辺GHの中点であることから考えるとよいだろう。

(2)　線対称な図形は，ひとつの直線を折り目にして折ったときに折り目の両側がぴったりと重なる図形，点対称な図形は，ある点のまわりに180°回転すると，元の形にぴったりと重なる図形のことである。ウは点対称のみ，アはどちらでもない。

2　(1)　モーターが速く回るのは，かん電池を直列つなぎにした時である。正しく回路がつくられているアを選ぶ。

(2)　これは，モーターが回転する速さのちがいを目で見えるようにするのが目的である。モーターが回った回数分だけ**おもりをつけた糸に変化が現れる**ようにしたいとき，**おもりをつけた糸が巻き取られる速さを観察すれば**モーターが回転する速さを調べることができる。速く巻き取られればモーターの回転も速いと言えるし，逆にゆっくり巻き取られればモーターの回転は遅いと言うことができる。

(3)　実験を行う時は，調べたいこと以外の条件をそろえる。これを対照実験といい，さまざまな実験の基本である。これは，結果にあらわれた違いが本当に変えた条件によるものなのかを明らかにするために行う。

3　(1)　1辺に5個の碁石を並べたとき次のようになる。

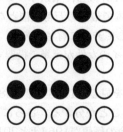

白の碁石は15個，黒の碁石は10個。よって白の碁石が5個多い。

(2) 白の碁石と黒の碁石の数の変化を表にすると下のようになる。

| 1辺の個数 | 1 | 2 | 3 | 4 | 5 | 6 | 7 | … |
|---|---|---|---|---|---|---|---|---|
| 白 | 1 | 1 | 6 | 6 | 15 | 15 | 28 | … |
| 黒 | 0 | 3 | 3 | 10 | 10 | 21 | 21 | … |
| どちらがどれだけ多いか | 白1 | 黒2 | 白3 | 黒4 | 白5 | 黒6 | 白7 | … |

これを見ると，1辺の碁石の個数が奇数個のときは白の方が多く，偶数個のときは黒の方が多くなっていることが分かるだろう。さらに何個多くなっているかは，1辺の碁石の個数と一致している。よって，50は偶数なので黒の碁石の方が多く，その差は50個であることがわかる。

4　太陽は東からのぼり，南の空を通って西の地平線に沈んでいく。夕日が見える方向の空が晴れているということは西の空が晴れているということになり，また「明日は晴れそうだね。」と言っているので，今の西側の天気が明日の天気に関係していることが分かるだろう。

★ワンポイントアドバイス★

正しい知識を問われる問題が多いほか，資料を読んで答える問題や記述で解答する問題が多い。何を答えなければいけないかを正しくとらえ，指示された言葉などの必要なことをうまく盛り込んで文章をまとめる練習をしておくのがよいだろう。

＜作文解答例＞ 《学校からの解答例の発表はありません。》

問題　選んだことわざの記号　A

　わたしは小学校に入学する前からずっと習字を習っています。字が上手になりたいと思って始めましたが，なかなかすぐには上達せず，先生にはいつも注意を受けていました。そのため，毎週習字教室へ通うことがとてもつらかったです。

　小学校では，冬休みに毎年書き初めの宿題が出され，学年で五人が賞をもらえました。わたしは四年生になったときに初めて賞をもらうことができ，今までずっと習字を続けてきた成果がやっと出たと思いました。それからは六年生まで毎年賞に選ばれました。また，授業のノートの字をきれいに書くことをいつも心がけてきたおかげで，先生から「このノートをみんなのお手本にしてもらいたい」と言ってもらえたときにはうれしかったです。

　「石の上にも三年」ということわざは，つらく大変なことでも，努力し続ければいつかは達成できるという意味です。習字教室へ毎週通い続け，いつも授業のノートの字をきれいに書くことを気をつけていたので，結果が出たのだと思います。これから中学生になっても，字を丁ねいに書くようにして，どんな人にも伝わるきれいな字を書き続けたいと思います。

○配点○

35点

## ＜作文問題解説＞

### 問題（国語：適語補充，作文）

　自分がこれまで努力してきたことや達成したことについて，またそのことからどのようなことを考えたかについて述べる作文問題。あげられた6つのことわざのうち1つ選んで，文章に適切に使用することが要求されているので，しっかりと意味の分かることわざを使うようにしよう。努力してきたことや達成したことについては具体的に述べ，そこから考えたこととことわざを結びつけて文章を組み立てるとよい。

───★ワンポイントアドバイス★───

作文を書く時は，読む人が誰でも読めるような丁ねいな字で書くことを心がけよう。あげられていることわざから，自分の経験と結び付けられそうなものを選ぶと文章が書きやすくなるだろう。

# 2018年度
★★★★★★★★★★★★★★★★★★★★

# 入 試 問 題

2018
年
度

2018年度

入 試 問 題

2018年度 夏

## 2018年度

# 県立東桜学館中学校入試問題

【適性検査】 （55分）　＜満点：100点＞

1　まなぶさんのクラスでは，米づくりについて学習したあと，班に分かれて，さらにくわしく調べてみることにしました。次の1～4の問いに答えましょう。

1　まなぶさんの班では，授業で庄内平野の写真を見て，水田の形や向きについて調べたところ，資料1 と 資料2 を見つけました。

資料1

> 　多くの水田の形は，大型の作業機械を使ってできるだけ長いきょりを一気に作業するために，長方形をしています。また，庄内地方は風が強い地域なので，季節風で水がかたよらないように，長方形の向きも考えています。庄内平野は昭和30年代ころから全国に先がけて機械化を進め，水田1枚の広さは，全国で主流の10a ではなく，30a に整理してきたのです。今では，もっと大きな水田もあります。

（JA全農山形ホームページをもとに作成）

資料2　空から見た庄内町の水田の写真

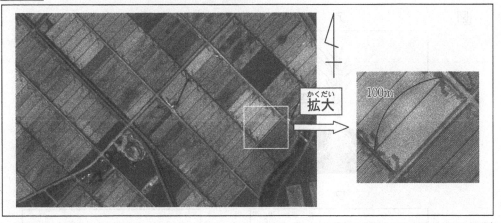

（グーグルマップをもとに作成）

　次は，資料1 と 資料2 をもとに調べたことを，まなぶさんがまとめたものです。　①　にあてはまる数字を書きましょう。また，　②　～　④　にあてはまる言葉の組み合わせとして適切なものを，次のページのア～カから一つ選び，記号で書きましょう。

> 　庄内平野では，ほぼ同じ大きさの長方形の水田がたくさん並んでいます。水田1枚の広さは，作業機械を効率よく使うため，長い辺を約100m，短い辺を約　①　m として，30a にしています。また，季節風は夏には　②　からふき，冬には　③　からふくので，季節風の向きと長方形の長い辺が　④　になるように工夫されています。

| ア ②南西 ③北東 ④平行 | イ ②南西 ③北東 ④垂直 |
|---|---|
| ウ ②北東 ③南西 ④平行 | エ ②北西 ③南東 ④垂直 |
| オ ②南東 ③北西 ④平行 | カ ②南東 ③北西 ④垂直 |

2　あやさんの班は，生産者が稲の生育のために様々な手間をかけていることを知り，さらに調べたところ，資料3を見つけました。あやさんは，この資料について，イラストを使ってクラスのみんなに説明しようと考えました。あとの図のア～エは，そのときあやさんがかいたイラストです。

資料3

　水田になえを植えた直後は水位を上げ，弱いくきや根を守ります。寒い地域では日がしずんで気温が下がってからも，温かさを保てるよう，水位を高くしています。除草剤を使うときにも水量を調節します。雑草が多いときは水位を高くして除草剤を使います。すると，雑草全体に除草剤がいきわたります。逆に，水をすべてぬいてしまうこともあります。7月中じゅんころに1週間ほど行われ，「中干し」とよばれます。中干しは土の中のガスをぬき，根に酸素を送りこむのがねらいです。水がなくなると地下の水を求めて根がしっかりはるので稲が元気になります。また，台風が近づいてきたときには，水田の水位を高くします。稲がたおれにくくなるからです。こうして秋に豊かな実りが得られるのです。

（NHK for School ホームページをもとに作成）

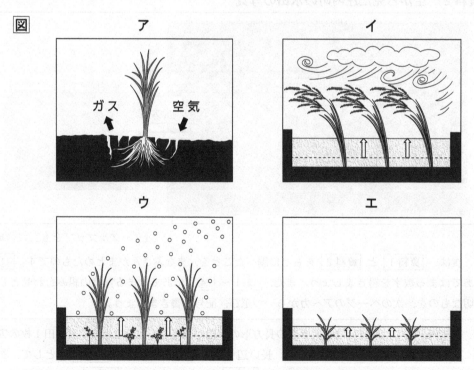

(1)　図のア～エを資料3の説明の順序に合うように，並べかえましょう。

(2)　資料3は，生産者のどのような作業について書かれたものか，次のページの空らん　□

にあてはまる言葉を，資料3の中から5字でぬき出して書きましょう。

水田の□□□□する作業

3 みきさんの班は，全国の都道府県ごとの米の収かく量について調べたところ，平成28年において山形は全国で4位ということが分かりました。次の表は，みきさんが上位5道県についてまとめている途中のものです。⑦にあてはまる数字を書きましょう。また，山形は，表の5道県のうち，10a当たり収量※は多いほうから数えて何位か書きましょう。

表 米の都道府県別収かく量の上位5道県（平成28年）

| 道県 | 作付面積（ha） | 10a当たり収量（kg） | 収かく量（t） |
|---|---|---|---|
| 新潟 | 116800 | 581 | 678600 |
| 北海道 | 105000 | 551 | 578600 |
| 秋田 | 87200 | 591 | 515400 |
| 山形 | 65000 | （⑦） | 395200 |
| 宮城 | 66600 | 554 | 369000 |

（農林水産省の資料をもとに作成）

※収量…収かくした農作物などの分量のこと。

4 山形県オリジナル品種の「はえぬき」や「つや姫」は，品種改良を経て生まれました。まもるさんの班は，品種改良のことについて調べ，最も多く行われている方法は交配によるものであることを知りました。

(1) 資料4は，「イネとアサガオの花のつくり」と「イネの交配と品種改良について」の資料です。A～Dの部分は何というか，それぞれ書きましょう。また，①，②にあてはまる言葉を，それぞれ書きましょう。

資料4

イネとアサガオの花のつくり

イネ　　　　　　アサガオ

イネの交配と品種改良について

上の図のAの先にあった ① が，Bの先につくことを ② といいます。 ② したBのもとの部分がふくらみ実ができます。また，イネにはCやDはありません。品種改良のための交配は，いろいろなイネの特ちょうを調べて，良い特ちょうをもった品種のBに，別の良い特ちょうをもった品種の ① をつけることです。さまざまな組み合わ

せの中から，両方の良い特ちょうを合わせもったものを見つけ出して，より良い品種を作り出しています。

さらに，まもるさんは，「はえぬき」や「つや姫」の原点が，米の品種「亀ノ尾」であることを知り，次の 資料5 を見つけました。

山形県庄内町小出新田（旧大和村）生まれ。

冷害にたえて実を結んだ3本の稲穂をもとに研究を重ね，「亀ノ尾」を生み出した。

その「亀ノ尾」は，冷害や風害に対して比かく的強いという特ちょうがある。

阿部亀治

| 年 | 阿部亀治の一生 |
|---|---|
| 1868（明治元） | 亀治が生まれる |
| 1893 | 3本の稲穂を発見する |
| 1897 | 「亀ノ尾」が生まれる |
| 1905 | 宮城・福島の大凶作で大量の「亀ノ尾」の注文が届く |
| 1925（大正14）ころ | 「亀ノ尾」が米の三大品種の一つとして名前が知られるようになる |
| 1928（昭和3） | 亀治が亡くなる |

（庄内町ホームページをもとに作成）

(2) 阿部亀治が生きていたころの人物を，次のA～Dの中から2人選び，記号で書きましょう。また，その中の1人を選び， 資料5 の下線部のように，その人物が行ったことを30字以上40字以内で書きましょう。なお，どの人物について書いたか，記号で書きましょう。

A 田中正造　　B 近松門左衛門　　C 小村寿太郎　　D 伊能忠敬

2 あきらさんとかおりさんは，学年の行事で，自然体験学習に参加しました。次の1～3の問いに答えましょう。

1 午前は，班に分かれてスタンプラリーをしました。スタンプラリーのルールは 資料 のとおりです。 図1 は，班に配られた地図のゴール付近を拡大したものです。

（資料，図1 は次のページにあります。）

(1) 1班が，スタート地点を9時ちょうどに出発し，その後2班，3班，4班と順に2分おきに出発しました。あきらさんの班は，12班です。あきらさんの班がスタート地点を出発したのは何時何分か，書きましょう。

(2) あきらさんの班は，スタート地点を出発してから53分後に 図1 のチェックポイントRにとう着しました。ここからどのルートを選ぶと班の点数が高くなるか話し合い，2分後にRを出発することにしました。次のページのア～ウのうち，班の点数が最も高いルートはどれか，記号で書きましょう。また，そのルートを進んだときの班の点数は，ア～ウのうち班の点数が

最も低いルートより何点多いか，書きましょう。

ただし，班員の進む速さは毎分100mとし，チェックポイント S と T でのスタンプをおす時間は考えないものとします。

　ア　R→ゴール　　イ　R→S→ゴール　　ウ　R→T→ゴール

資料　スタンプラリーのルール

> ・班員全員で，スタート地点から，スタンプの置いてあるチェックポイントを回りゴール地点を目指し，点数を競います。
> ・各チェックポイントにあるスタンプをおすと，地図に示された点数がもらえます。
> ・出発してから60分以内でゴールすると時間点数として100点もらえます。時間点数は，60分をこえると１分経過するごとに100点から５点ずつ減点されます。
> ・（班の点数）＝（スタンプの点数）＋（時間点数）とします。
> ・各チェックポイントを回る順序は自由で，すべてを回らなくてもかまいません。

図1　ゴール付近を拡大した地図

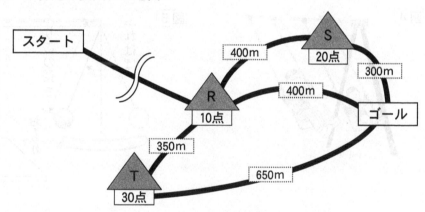

2　午後は，木に親しむことをめあてに，１辺の長さが３cmの立方体の木片を何個か使って立体作りをしています。

　かおりさんは，それぞれの立方体の木片の面どうしをたがいにはみださないようにはりつけて，新しく一体となる立体を作ることにしました。なお，立体の種類を数える場合，見る角度を変えると同じ立体になるものは１種類の立体として考えるものとします。

(1)　２個の木片をはりつけると，図2 のようになります。この立体の表面積は，何cm²か，書きましょう。

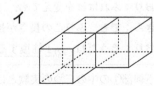
図2

　次に，３個の木片をはりつけると，図3 のア，イのように，２種類の立体を作ることができました。

図3　ア

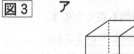

イ

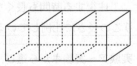

(2)　4個の木片をはりつけて一体となる立体について，次の　①　～　④　にあてはまる数字を
それぞれ書きましょう。

アの立体に，1個の木片をはりつけると，　①　種類の立体ができます。一方，イの立
体に，1個の木片をはりつけると，　②　種類の立体ができます。

これらの中に，同じ種類の立体がいくつかふくまれているので，4個の木片をはりつけ
てできる立体は，全部で　③　種類になります。この中で，表面積が最も小さい立体の
表面積は　④　㎝² です。

3　あきらさんと先生は，自由時間に　図4　のようなブランコに乗りました。2人の体重は大き
くちがっているにもかかわらず，ブランコの1往復する時間はほとんど変わりませんでした。そ
のことを不思議に思ったあきらさんは，学校でかおりさんと，　図5　のようなふりこを使って，
おもりの重さ，ふれはば，ふりこの長さを変えると，1往復する時間がどう変わるか調べまし
た。表は，その結果です。

図4

図5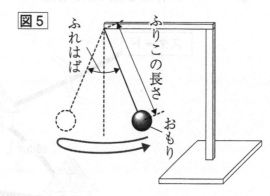

表

|  | 実験ア | 実験イ | 実験ウ | 実験エ | 実験オ | 実験カ | 実験キ |
|---|---|---|---|---|---|---|---|
| ふりこの長さ | 25 cm | 25 cm | 25 cm | 50 cm | 25 cm | 25 cm | 75 cm |
| おもりの重さ | 20 g | 40 g | 40 g | 40 g | 40 g | 60 g | 40 g |
| ふれはば | 60° | 60° | 20° | 60° | 40° | 60° | 60° |
| 1往復する時間 | 1.0秒 | 1.0秒 | 1.0秒 | 1.4秒 | 1.0秒 | 1.0秒 | 1.7秒 |

あきらさんとかおりさんは，表を見て，次のように話しています。

あきら：①この中の三つの実験を見ると，おもりの重さを変えても，1往復する時間は変わ
　　　　らないことが分かるね。

かおり：ふれはばを変えても，1往復する時間は変わらないよ。

あきら：でも，ふりこの長さが長くなると，1往復する時間も長くなるよ。

かおり：そうだね。②1往復する時間はふりこの長さに比例しているよね。

(1)　下線部①の中の三つの実験とはどれか，実験ア～実験キから選び，書きましょう。

(2) 下線部②は正しいか，正しくないか，書きましょう。また，そう判断した理由を，前のページの 表 の結果を使って説明しましょう。

(3) 図6 のように二つのふりこを横に並べました。AのふりこのおもりとBのふりこのおもりを，図6 の手の位置から同時に放します。ふりこがふれている間に，二つのおもりどうしが最も近づく瞬間があります。その１回目は，手からおもりを放してから何秒後か，書きましょう。なお，ふりこの１往復する時間は，表 の結果を使うこととします。

図6

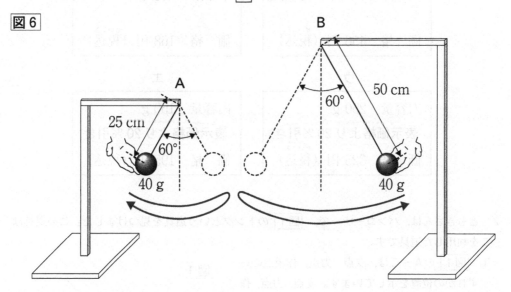

3 ともきさんは，夕食のカレーを作るため，近所のスーパーマーケットへ買い物に出かけようとしています。次の１～３の問いに答えましょう。

1 ともきさんは，家の台所で，料理の本に書いてある 資料1 を見て，お母さんと話をしています。

お母さん：家族６人分のカレーを作るために必要な材料が，家にあるか確かめてみてね。

と も き：６人分の材料は，玉ねぎが中３個，じゃがいもが中 [ ] 個，にんじんが中$\frac{3}{4}$本だから，野菜は家にあるもので足りるね。他の材料も確かめたけれど，お肉だけ全くないから買ってくるよ。

お母さん：お願いね。

資料1

| カレーの材料（４人分） | |
| --- | --- |
| カレールー | 120 g |
| 肉 | 250 g |
| 玉ねぎ | 400 g（中２個） |
| じゃがいも | 230 g（中 $1\frac{1}{2}$ 個） |
| にんじん | 100 g（中 $\frac{1}{2}$ 本） |
| サラダ油 | 15 mL（大さじ１） |
| 水 | 850 mL |

(1) 会話文の空らん [ ] にあてはまる数字を書きましょう。

(2) 買い物に来たともきさんは，お肉コーナーで，次のページのア～エのシールがはられた四つ

の肉のパックを見つけました。この四つのパックの中から，6人分の量に足りるようにいくつか選び，買いたいと思います。しはらう金額を最も安くするためには，どれを選んで買えばよいか，記号で書きましょう。また，そのときのしはらう金額も書きましょう。

ア

内容量　380 g

価　格　456 円（税込）

イ

内容量　140 g

価　格　168 円（税込）

ウ

内容量　250 g

表示価格より 20 ％引き

価　格　325 円（税込）

エ

内容量　150 g

表示価格より 20 ％引き

価　格　195 円（税込）

2　ともきさんは，パンコーナーで，図1 のトングという道具を見つけました。この道具は，てこを利用した道具です。

(1) 図1 のA〜Cは，支点，力点，作用点のいずれかの位置を示しています。支点，力点，作用点はどこか，A〜Cから選び，それぞれ記号で書きましょう。

ともきさんは，昨日庭でお父さんが使っていた枝切りばさみも，トングと同じように，てこを利用した道具であることを思い出しました。

図1

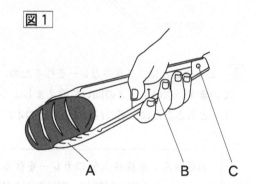

A　　B　　C

(2) 図2 は枝切りばさみを使っているときの様子です。より小さな力で枝を切るには，どのように工夫したらよいでしょうか。**支点から**という言葉に続けて，2 通り書きましょう。

図2

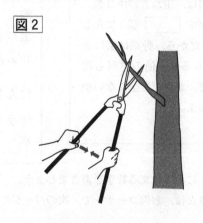

3 お店の人は，商品の値引きについて次のような話をしてくれました。

お店の人

> 当店では，食品ロスを減らすために，賞味期限が近づいている商品の値引きをしています。

　「食品ロス」という言葉が気になったともきさんが，家に帰ってからインターネットで調べたところ，「本来食べられるはずなのに捨てられている食品」を「食品ロス」ということが分かりました。そして，資料2，資料3の二つの資料を見つけました。

資料2 日本国内における年間の食料消費量と食品ロスの現状（平成26年度推計値）

```
食料消費量              約8300万t
食品の
はいき物等             約2800万t
食品ロス        621万t

事業活動※1における    家庭における
食品ロス 339万t       食品ロス 282万t
```

（農林水産省の資料をもとに作成）

資料3 家庭における食品ロスの内訳（平成26年度）

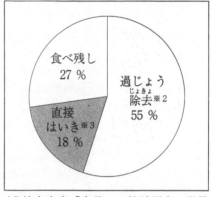

食べ残し 27 %
過じょう除去※2 55 %
直接はいき※3 18 %

（農林水産省「食品ロス統計調査・世帯調査」をもとに消費者庁にて作成）

※1 事業活動…工場や店など，家庭以外の場所で行われる活動のこと。

※2 過じょう除去…食べられる分まで，余計に取り除き捨てること。（例：大根の皮の厚むき）

※3 直接はいき…消費期限や賞味期限を過ぎてしまったことで，そのまま捨てること。

　ともきさんは，「食品ロス」についてクラスのみんなにも知らせたいと考え，資料2，資料3をもとにしながら，朝の会で話すためのメモを作っています。次はその一部です。

> 　日本では，食品がもとになっているごみ等が1年間で約2800万tも出ているそうです。これは，食料消費量全体の約 ① にあたります。そのうち「食品ロス」とよばれる，売れ残りや期限を過ぎた食品，食べ残しなど，まだ食べられるのに捨てられているものは621万tもあります。また，その約半分の282万tは家庭から出ているそうです。家庭からの「食品ロス」の中では，過じょう除去によって出るものが最も多く，1年間で約 ② tもあります。

(1) ① にあてはまるものを次のア～エから選び，② にあてはまるものを次のオ～クから選び，それぞれ記号で書きましょう。

① ア 5分の1　　イ 4分の1　　ウ 3分の1　　エ 2分の1

② オ 41万　　カ 76万　　キ 105万　　ク 155万

(2)　ともきさんは「621万 t の食品ロスの量」は多すぎて，クラスのみんなに伝わりにくいと感じ，次の式で表わされる量で伝えようと考えています。

　　　(621万 t )÷(日本の人口)÷( 1 年の日数)

　　この式で求められる量は何を表しているか，書きましょう。

(3)　「食品ロス」について，さらに調べようとするとき，あなたなら何について調べるか，書きましょう。

［条件］

・資料の内容にふれながら、あなたの経験や見聞きしたことをふくめて書くこと。

・文章全体を三段落または四段落で書くこと。

・四〇〇字以上、五〇〇字以内で書くこと。

・数字を書く場合は、次の例にならって書くこと。

例

| 三 | 五 |
|---|---|

| 五 | 〇 |
|---|---|

【作 文】 （四〇分） 〔満点：三五点〕

次の 資料 を見て、今の自分の時間の使い方をふり返り、あなたは、中学生になってから、どんな時間を大切に使っていきたいと思いますか。あとの条件にしたがって、具体的に書きましょう。

資料

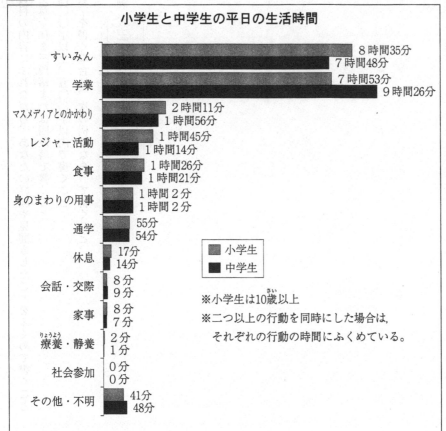

小学生と中学生の平日の生活時間

| | 小学生 | 中学生 |
|---|---|---|
| すいみん | 8時間35分 | 7時間48分 |
| 学業 | 7時間53分 | 9時間26分 |
| マスメディアとのかかわり | 2時間11分 | 1時間56分 |
| レジャー活動 | 1時間45分 | 1時間14分 |
| 食事 | 1時間26分 | 1時間21分 |
| 身のまわりの用事 | 1時間2分 | 1時間2分 |
| 通学 | 55分 | 54分 |
| 休息 | 17分 | 14分 |
| 会話・交際 | 8分 | 9分 |
| 家事 | 8分 | 7分 |
| 療養・静養 | 2分 | 1分 |
| 社会参加 | 0分 | 0分 |
| その他・不明 | 41分 | 48分 |

※小学生は10歳以上
※二つ以上の行動を同時にした場合は、それぞれの行動の時間にふくめている。

| 時間の使い方 | 具体例 |
|---|---|
| すいみん | 30分以上のすいみん，仮みん |
| 学業 | 授業，学校行事，部活動，家庭学習，学習じゅくでの学習 |
| マスメディアとのかかわり | テレビ，ラジオ，新聞，読書，ＣＤ，ＤＶＤ |
| レジャー活動 | スポーツ，散歩，旅行，ゲーム，習い事，インターネット |
| 食事 | 朝食，昼食，夕食，給食 |
| 身のまわりの用事 | 洗顔，トイレ，入浴，着がえ |
| 通学 | 登下校 |
| 休息 | 休けい，おやつ，特に何もしていない状態 |
| 会話・交際 | 家族・友人とのつきあい，電話，電子メール |
| 家事 | 食事のしたく，片付け，家のそうじ，買い物 |
| 療養・静養 | 医者に行く，入院 |
| 社会参加 | 地域の行事への参加，ボランティア活動 |
| その他・不明 | 上記のどれにもあてはまらない行動，無記入 |

（NHK放送文化研究所編『データブック国民生活時間調査2015』をもとに作成）

# 2018 年 度

## 解 答 と 解 説

---

### ＜適性検査解答例＞

**1** 1 ① 30

② ～④ にあてはまる言葉の組み合わせ　カ

2 (1)　エ(→)ウ(→)ア(→)イ

(2)　(水田の)水量を調節(する作業)

3 ⑦　608

1(位)

4 (1)　A　おしべ　B　めしべ　C　花びら　D　がく

①　花粉　②　受粉

(2)　阿部亀治が生きていたころの人物　A，C

(次の中から1つ)

選んだ人物　A

足お銅山の工場によるかん境悪化から人々の生活を守るため，政府にうったえた。

選んだ人物　C

外務大臣になり，不平等条約改正に成功し関税自主権を回復させた。

**2** 1 (1)　9時22分

(2)　班の点数が最も高いルート　イ

10(点多い)

2 (1)　90(cm²)

(2)　①　3　②　7　③　8　④　144

3 (1)　実験ア，実験イ，実験カ

(2)　正しくない

実験イと実験エにおいて，ふりこの長さが2倍になっても，1往復する時間は2倍にならないから。

(3)　3.5(秒後)

**3** 1 (1)　$2\frac{1}{4}$

(2)　買うパック　ウ，エ　　金額　416(円)

2 (1)　支点　　C

力点　　B

作用点　A

(2)　(支点から)より遠いところを持つ。

(支点から)より近いところで枝を切る。

3 (1)　①　ウ　②　ク

(2) 日本の人口1人当たり1日に出す食品ロスの量

(3) 事業活動における食品ロスの内訳

○配点○

**1** 1・2(2)・3・4(2)人物　各3点×6　　2(1)　完答3点　　4(1)　各1点×6　　4(2)行ったこと　5点

**2** 1(1)・2　各3点×6　　1(2)　完答3点　　3(1)　完答4点　　3(2)　5点　　3(3)　4点

**3** 1(1)・3(2)(3)　各4点×3　　1(2)　パック　2点　金額　3点　　2(1)・3(1)　各2点×5

2(2)　各3点×2　　計100点

## ＜適性検査解説＞

**やや難** **1** （算数，社会，理科：面積，季節風，稲作，植物の受粉，歴史上の人物）

1　① a(アール)は面積の単位で，1a＝100m²である。

②〜④ 季節風は，夏には太平洋側から，冬には日本海側から吹く。強い季節風で「水がかたよらないように」するためには，長方形のうち風の吹く方向の長さが短い方がよい。

2　(1) アは「中干し」，イは「台風」，ウは「除草剤」を使っている様子を表している。

(2) 文章には，水田の水位を高くしたり低くしたりすることが書かれている。

3　65000ha＝6500000a

395200t＝395200000kg

より，

395200000÷6500000×10＝608(kg)

4　(1) 受粉に関する知識が問われる問題である。

(2) 近松門左衛門と伊能忠敬はどちらも江戸時代の人物である。近松門左衛門は人形浄るりの作家として活躍し，伊能忠敬は測量により正確な日本地図の作成に貢献した。

**2** （算数，理科：時間，立体の表面積，ふりこ）

1　(1) 2班が出発するのは1班の2×1＝2(分後)，3班が出発するのは1班の2×2＝4(分後)，と考えると，12班が出発するのは1班の2×11＝22(分後)である。

(2) Rを出発するのはスタートから55分後なので，あと5分以上経過すると，時間点数が減点される。

ア：ゴールするのは400÷100＝4(分後)なので，減点はない。よって，

10＋100＝110(点)

イ：ゴールするのは(400＋300)÷100＝7(分後)なので，(7－5)×5＝10(点)減点となる。よって，

10＋20＋100－10＝120(点)

ウ：ゴールするのは(350＋650)÷100＝10(分後)なので，(10－5)×5＝25(点)減点となる。よって，

10＋30＋100－25＝115(点)

2　(1) 3×3×10＝90(cm²)

(2) それぞれはりつけ方を図に書き出してみるとよい。

3　(1) ふりこの長さ，ふれはばが同じで，おもりの重さのみが違う3種類の実験を探そう。

(2) 比例とは，ある一方の値が大きくなると，もう一方の値も同じ倍率で大きくなることである。「実験イにおける1.0÷25の値と，実験エにおける1.4÷50の値が等しくないから。」な

どでもよい。

(3) 表より，ふりこの長さが25cmの時1往復する時間は1.0秒なので，半往復にかかる時間は0.5秒。ふりこの長さが50cmの時1往復する時間は1.4秒なので，半往復にかかる時間は0.7秒。0.5と0.7の小数第一位まででの最小公倍数は3.5である。このとき，25cmのふりこは3復と半分，50cmのふりこは2往復と半分ふれているので，このときが二つのおもりが最も近くなる。

# 3 （算数，理科，社会：割合，てこ，食品ロス）

1 (1) じゃがいもは4人分のとき中$1\frac{1}{2}$個使うので，6人分のときは，

$$1\frac{1}{2}÷4×6=2\frac{1}{4}（個）である。$$

(2) 使う肉の量は
250÷4×6＝375(g)
割引のあるウとエの値段は
ウ：325×(1−0.2)＝260(円)
エ：195×(1−0.2)＝156(円)
したがって，ウとエを1パックずつ買うと，
260＋156＝416(円)
となり，最も安くなる。

2 (1) 支点はてこのささえとなる部分，力点は力を加える部分，作用点は力を加えたことにより，変化する部分である。

(2) てこでは，力点が支点から離れるほど，作用点が支点から近くなるほど作用点ではたらく力は大きくなる。

3 (1) 資料2より，食料消費量は約8300万tなので，
2800万÷8300万＝0.337…
3分の1が0.33…なので，これが最も近い。

(2) 日本の1年間のデータを日本の人口で割ると1人あたりの数量，1年の日数で割ると1日あたりの数量がわかる。

(3) どのような地域で食品ロスが多いのか，なども考えられる。

★ワンポイントアドバイス★

パターンをいくつか考えて，その中から最も良いパターンを選ぶという問題が比かく的多くみられた。計算に慣れておくと，そのような問題にも難なく対応できるだろう。

## ＜作文解答例＞《学校から解答例の発表はありません。》

　　中学生の時間の使い方を見ると，勉強に加えて部活動に使う時間が増えて，すいみん時間や，テレビを見たりゲームをしたりする時間が減っていることがわかります。部活動は，きびしい部だと平日に毎日練習があったり，休日も休まず活動したりするものもあると聞いたことがあります。

　　今のわたしの時間の使い方は，学校と学習じゅくの授業や宿題をする以外は，遊んだりすいみんをとったりして過ごしています。夜の遅い時間までゲームをしていると，お母さんから「早くねなさい」と注意されてしまうことがあります。

　　中学生になると今よりも忙しくなるので，遊ぶ時間を減らしてしっかりとすいみん時間をとることを大切にしたいです。また，学校の授業だけではついていくことが大変なほど内容が難しくなると聞いたので，自分で予習や復習をする時間をつくりたいと思います。また，中学生になったら自分の身の回りのことは自分でできるようになりたいので，食事の用意や家のそうじなどの家事にも時間を使いたいと思います。自分で時間を管理して，中学生からの勉強や部活動にしっかり取り組めるようにしたいです。

○配点○

　35点

## ＜作文問題解説＞

問題（国語：作文）

　　資料を見て，今の自分の時間の使い方をふり返り，中学生になってから，どんな時間を大切に使っていきたいかを述べる作文問題である。条件がいくつかあるので，それに従って書くようにする。自分が大切にしたい時間はどんな時間なのか，資料の内容にもふれながら，読んだ相手に伝わるようにしっかりと意見を述べるようにしよう。経験や見聞きしたことを含めて書くことも忘れない。

★ワンポイントアドバイス★

作文を書く時は，誰でも読める丁ねいな字で書くことを心がけよう。資料から取り上げる内容は，自分がこれから述べようとしていることと関連したものにすると文章がまとまるだろう。

収録から外れてしまった年度の
解答解説・解答用紙を弊社ホームページで公開しております。
巻頭ページ＜収録内容＞下方のQRコードからアクセス可。

※都合によりホームページでの公開ができない問題については，
　次ページ以降に収録しております。

# 2017年度

# 県立東桜学館中学校入試問題

【適性検査】 （55分）　　＜満点：100点＞

1　まみさんの学級では，総合的な学習の時間に，出羽三山について調べ学習をしています。次は，新聞記事の一部で，出羽三山が山形県でただ一つ日本遺産に認定されたことについて書かれたものです。あとの1～5の問いに答えましょう。

---

2016年（平成28年）4月26日（火曜日）

### 出羽三山「生まれかわりの旅」　日本遺産，第2弾認定

　文化庁は25日，有形，無形の文化財をテーマでまとめ，地域の魅力を発信する「日本遺産」に，第2弾として19府県の19件を認定した。昨年度の第1弾で認定のなかった東北地方からも出羽三山地域をテーマとした本県の「自然と信こうが息づく『生まれかわりの旅』」など4件が入り，認定は33府県37件に広がった。

　今後も毎年認定し，東京五輪・パラリンピックが開かれる2020年までに100件に増やす。政府は3月末にまとめた観光戦略で，訪日外国人旅行者を年間4千万人に倍増させる目標を設定し，日本遺産をアピールして地方によびこむ構想をえがいている。文化庁は「全都道府県に1件は認定したい」としている。

　羽黒山は「現在」，月山は「過去」，湯殿山は「未来」をそれぞれ表すとされ，この三山をめぐることは江戸時代に「生まれかわりの旅」として広まった。

　県などは国宝の羽黒山五重塔のほか，羽黒山の随神門，石段，すぎ並木，三神合祭殿などをふくめて，出羽三山信こうが地域住民に支えられ，時をこえて現代に息づいていると強調した。

（山形新聞の記事をもとに作成）

---

1　新聞記事と次のページの 資料 をもとに，あとの問いに答えましょう。

(1)　昨年度も，今年度も認定された日本遺産がある府県の数を書きましょう。

(2)　文化庁の日本遺産の認定に関する方針を次のようにまとめたとき，空らん ア ， イ にあてはまる数字を，それぞれ書きましょう。

> 　文化庁は，これまで日本遺産がない ア 都道府県をふくめて，あと イ 件は認定したいとしている。

資料 日本遺産がある府県を着色した地図

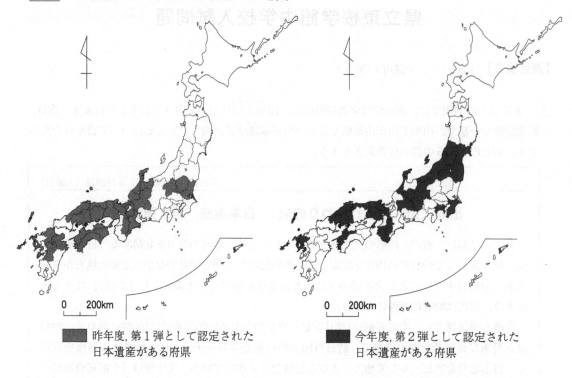

■ 昨年度，第1弾として認定された
日本遺産がある府県

■ 今年度，第2弾として認定された
日本遺産がある府県

2 まみさんの学級は，出羽三山の一つである羽黒山を調査のためにおとずれました。山頂へ向かう石段の両側には，とても立派なすぎ並木が広がっていました（ 写真1 ）。次は，そのすぎ並木の石段を登っているまみさんたちの会話です。

写真1 石段とすぎ並木

---

よしお：すごく大きなすぎの木だね。

かなえ：㋐学校のうら山にある林とは様子がちがうね。

はるお：何だかひんやりすずしいよね。木が日差しをさえぎってくれているからだよね。

ま み：それに，植物は，蒸散によって水蒸気を出していて，㋑水が蒸発するとき周りの熱をうばうという性質があるから，すずしく感じるのよね。

---

(1) 下線部㋐について，かなえさんは，森林について学習したことを思い出しました。写真2は，かなえさんの学校のうら山にある人工林の写真で，＜メモ＞は，その写真から読み取れる人工林の特ちょうについて，かなえさんがまとめたものです。＜メモ＞の空らん □ にあてはまる言葉を書きましょう。 （写真2，メモは次のページにあります。）

写真2 学校のうら山にある人工林

<メモ>

・同じ種類の木が植えられていること

・木と木が等しく短い間かくで植えられ
ていること

・

(2) 下線部①について，このことを実感する身の回りのことを一つ書きましょう。

3 羽黒山の近くにあるお店で，かなえさん，まみさん，はるおさん，よしおさんの4人は，しょうゆ，あんこ，くるみ，ごまの4種類のだんごを2本ずつ合計8本買いました（ 写真3 ）。4人は，この8本のだんごの中から，それぞれ2本ずつ選びました。次の4人の言葉から，だれが，どの種類のだんごを選んだか書きましょう。

ただし，同じ種類のだんごを2本選んだ人はいませんでした。また，選んだ2本のだんごの組み合わせが同じ人はいませんでした。

写真3

しょうゆ　あんこ　くるみ　ごま

かなえさん

わたしは，しょうゆを選んだわ。

まみさん

かなえさんとは，選んだ種類が
全部ちがったみたい。

はるおさん

> ぼくは，あんこを選ぶよ。でも，まみさんは，選ばなかったね。

よしおさん

> ぼくは，ごまが大好きだから，ごまを選んだよ。

4　学校に帰り，調べ学習のまとめをしているまみさんたちが，次のような会話をしています。

> はるお：出羽三山の信こうの歴史はとても長いと聞いているけど，どれくらい前から始まっているんだろう。
>
> かなえ：出羽三山は，聖徳太子のすすめで宮中を離れた蜂子皇子が，今から約1400年前の593年に開山したといわれていると，出羽三山神社のホームページに書いてあったよ。
>
> ま　み：そのころは，聖徳太子が新しい国づくりを始めたころだよね。
>
> よしお：そうだよ。聖徳太子は天皇中心の国をつくろうとしたんだよ。当時は豪族が互いに争っていた時代で，天皇は，豪族を従わせるのに苦労していたんだ。

　まみさんは，聖徳太子が天皇中心の国づくりをするために行ったことを調べました。次の＜聖徳太子が行ったこと＞は，まみさんがまとめたものです。＜聖徳太子が行ったこと＞のA～Cから一つ選び，選んだことが天皇中心の国づくりにどのように関わっているのか説明しましょう。

> ＜聖徳太子が行ったこと＞
> A　役人の位を冠で区別した冠位十二階をつくった。
> B　役人の心得を示した十七条の憲法を定めた。
> C　当時大きな力をもっていた中国（隋）に使者を送った。

5　調べ学習のまとめの中で，羽黒山を広く宣伝するために，＜キャッチコピー＞A，Bの二つを考えました。どちらか一つ選び，選んだキャッチコピーの良さをその特ちょうにふれながら説明しましょう。

> ＜キャッチコピー＞
> A　さあ行こう　歴史のかおる　羽黒山
> B　あなたは，本当の羽黒山を知っていますか？

2 はじめさんとあいさんは，学級の生き物係をしています。次の1～4の問いに答えましょう。

1 資料1 は，あいさんが学級でスピーチをするために見つけてきたもので，メモ は，それを発表するための原こうの一部です。正しい内容となるように空らん⑦，①にあてはまる数をそれぞれ書きましょう。答えは四捨五入して，$\frac{1}{10}$の位（小数第一位）までのがい数で求めましょう。

資料1 サクラマスの年ごとの漁かく量（山形県）

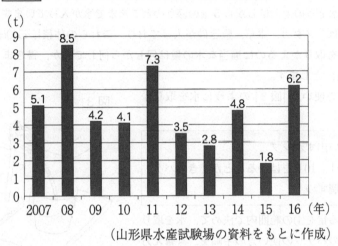

（山形県水産試験場の資料をもとに作成）

メモ

　山形県で，県の魚サクラマスがとれるシーズンは1月から6月です。年ごとの漁かく量は，増えたり減ったりしていて，2015年はこの10年で最も少ないです。2016年は，前年の3.4倍と大はばに増えましたが，最も多かった2008年と比べると（　⑦　）％減っているといえます。

　2007年から2016年までの漁かく量の平均である4.8 t を基準とすると，2016年は（　①　）％の漁かく量といえます。

2 はじめさんは，教室のメダカコーナーに 図1 のような魚の形をしたデザインの図形をかくことにしました。図2 は 図1 と合同な図形をかいている途中のものです。コンパスと定規を使って図形を完成させましょう。なお，コンパスでかいた線は消さずに残しておきましょう。

図1　　　　　　　　　　　　　　　　　　図2

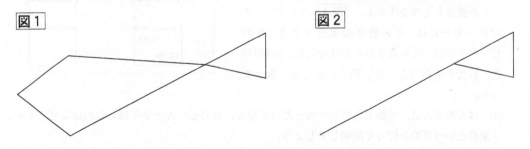

3 あいさんは，よごれてきたメダカの水そうの水を取りかえることにしました。水そうの水を取りかえる際の注意は次のページのとおりです。

・水道の水は，1日くらい，くみ置きしてから使う。

・水は，全部をかえるのではなく，3分の1から2分の1を取りかえる。

・取りかえる分の水をくみ出したら，同じ量の水をすぐに補う。

　水そうは直方体の形をしていて，内側の長さが，たて30cm，横50cm，深さ30cmで，平らな机に置いてあり，水そうの上のはしから5cmの深さのところまで水が入っています。

⑴　水そうには，メダカ，水草，敷き砂が入っており，これらの体積は4500cm³とします。この水そうの水を取りかえるのに適当な水の量は何Lから何Lですか，書きましょう。ただし，1L＝1000cm³とします。

⑵　次の道具を使い，図3のように水を取りかえます。

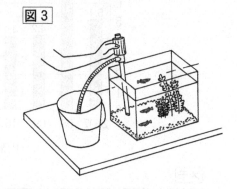

図3

・水を吸い出すポンプ

・5L，8L，10Lをはかることができるバケツが1個ずつ

　取りかえる量を⑴の範囲内で決めて，水を取りかえるためのバケツの使い方の手順を，**<答え方の例>** を参考に説明しましょう。なお，バケツは何度でも使うことができます。

<答え方の例> 5Lを取りかえる場合

①　水道の水を5Lのバケツではかり，水をくみ置く。

②　5Lのバケツにくみ置いた水を8Lのバケツに入れかえる。

③　ポンプを使って水そうの水を5Lのバケツにくみ出し捨てる。

④　8Lのバケツに入れた水を水そうに入れる。

4　はじめさんは，水の中でメダカが呼吸をしていることを確かめるために，次のような実験をしました。

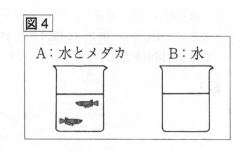

図4

A：水とメダカ　　　B：水

　くみ置きした水を用意し，図4のように，Aのビーカーには，くみ置きの水とメダカ，Bのビーカーには，くみ置きの水だけを入れ，1時間程度，日光が直接当たらない明るいところに置きました。

⑴　はじめさんは，実験でAのビーカーだけでなく，Bのビーカーを準備したのはなぜですか。**条件**という言葉を使って説明しましょう。

⑵　実験前，くみ置きの水の一部を取り出し，ムラサキキャベツ液を加えると，むらさき色を示しました。実験後に，A，Bのビーカーから取り出した水に，それぞれムラサキキャベツ液を加えると，Aから取り出した水はうすい赤色を示し，Bから取り出した水はむらさき色を示し

ました。 資料2 のムラサキキャベツ液の特ちょうをふまえ，AとBの水がちがう色になった理由を説明しましょう。

資料2 ムラサキキャベツ液の特ちょう

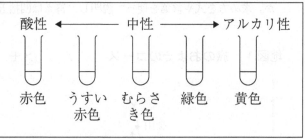

ムラサキキャベツ液は加えた水よう液の性質により右のように色を変える。

| 酸性 ← | | 中性 | | → アルカリ性 |
|---|---|---|---|---|
| 赤色 | うすい赤色 | むらさき色 | 緑色 | 黄色 |

はじめさんは，水そうの水草について疑問が出てきました。

はじめさん
水草には，どんなはたらきがあるのだろう。

あいさん
日光が当たると，二酸化炭素を取り入れて，メダカの呼吸に必要な酸素を出していると聞いたことがあるわ。

はじめさんは，水草のはたらきを調べるために，試験管を4本用意しました。メダカの呼吸を確かめた実験後のAのビーカーに入っていた水を，それぞれの試験管に分けて入れ，次の＜条件＞ア～エのようにしました。

＜条件＞
ア：水のみを入れる
イ：水と水草を入れる
ウ：アと同じものを日光をさえぎるカバーでおおう
エ：イと同じものを日光をさえぎるカバーでおおう

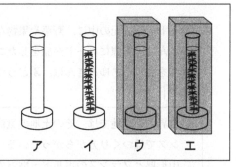

ア　イ　ウ　エ

これらを日光のよく当たるところに3時間置き，水にふくまれる二酸化炭素の量の変化を，ムラサキキャベツ液を使って調べました。

(3) 水草が二酸化炭素を取り入れて酸素を出すために，日光が必要であるということを調べるには，＜条件＞ア～エの試験管のうち，どれとどれを比べるとよいか記号で書きましょう。

3 あゆみさんは，明治時代にイザベラ・バード（ 資料1 ）というイギリスの旅行家が山形県をおとずれ，「アジアのアルカディア」と旅行記の中で取り上げていたことを知りました。アルカディアとは，理想郷という意味だと知り，あゆみさんは，イザベラ・バードが旅をした当時の様子を調べてみることにしました。次の1～5の問いに答えましょう。

1 最初に，あゆみさんは，旅行記から情報を集め，バードが旅した山

資料1
イザベラ・バード

形県内のコースと通った地点間の道のりを 地図1 と メモ のようにまとめました。「里」と「町」は当時のきょりを示す単位です。

「1里＝36町＝4km」とすると，バードが旅をした小国から金山までの道のりは何kmになりますか。求め方を式や言葉を使って説明し，答えは四捨五入して，一の位までのがい数で求めましょう。

**地図1** 旅のおよそのコース

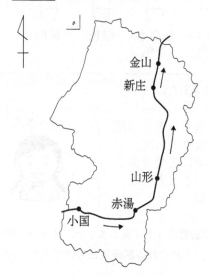

**メモ** バードが通った地点間の道のり

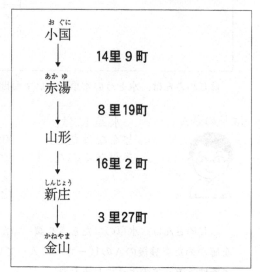

小国
↓　　14里9町
赤湯
↓　　8里19町
山形
↓　　16里2町
新庄
↓　　3里27町
金山

2　バードの旅行記の中に，野菜や果物などが豊富につくられている様子が書いてありました。あゆみさんは，実際にバードが旅をしたコースをたどり，ぶどう畑を見つけました。ぶどうについて興味をもったあゆみさんは，ぶどうづくりについて調べ，資料2 のようにまとめました。

**資料2**

○世界中の産地では，その土地の気候に合わせてぶどうをつくっていて，例えば日本とフランスではつくり方がちがっている。

○山形県とフランスのボルドー地方のぶどうのつくり方の様子

山形県の内陸地方で見られる
ぶどう畑

フランスのボルドー地方で見られる
ぶどう畑

○次のような条件がそろうと，品質の良いぶどうができる。

<blockquote>
・降水量<sup>こうすいりょう</sup>は，あまり多くない方がよい。

・日光が当たっている時間は，長い方がよい。

・1日の中での昼と夜の気温の差は，大きい方がよい。
</blockquote>

(1) 資料3 は，山形市とフランスのボルドーの気温と降水量のグラフです。前のページの 資料2 と 資料3 から，山形県の内陸地方の気候に合わせたぶどうづくりには，どのような工夫<sup>くふう</sup>がみられるか，説明しましょう。

資料3 　山形市とボルドーの月ごとの気温と降水量 （過去30年間の平均値<sup>ち</sup>）

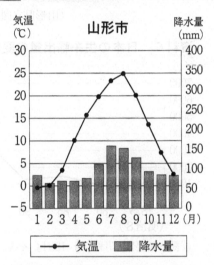
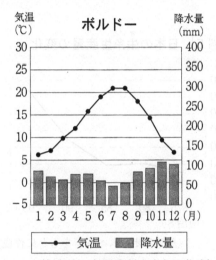

（気象庁の統計資料をもとに作成）

(2) ふどう畑は，地図2 のAの付近に多く見られ，Bの付近には見られませんでした。資料2 と 地図2 をふまえ，Aの付近に多く見られる理由を書きましょう。

地図2

（国土地理院発行　2万5千分の1地形図をもとに拡大して作成）

3　バードの旅行記の中に，養蚕※の様子が書いてあり
ました。あゆみさんは，養蚕について調べていくと，
次のような資料を見つけることができました。明治
政府の政策にふれながら，資料4 ～ 資料6 から
読み取れることを説明しましょう。

　　※養蚕…かいこを育ててまゆをとること。まゆは生糸の原
　　　　料となる。

資料4　山形県の官営製糸工場
　　　の様子

（山形県立図書館所蔵）

資料5　日本の生糸生産量の変化

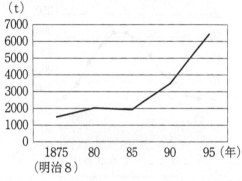

（総務省ホームページをもとに作成）

資料6　日本の生糸輸出量の変化

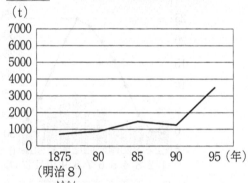

（『蚕糸業要覧 昭和9年12月』をもとに作成）

4　あゆみさんは，明治時代の人々の生活について興味をもち，博物館に立ち寄りました。博物館
の人に案内してもらって「昔の道具コーナー」に行くと，写真ア のような「炭火アイロン」が
展示されていました。炭火アイロンは，写真イ のように容器の中に炭火を入れて，その熱とア
イロンの重さで服のしわをのばす道具です。

写真ア

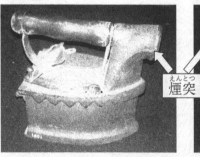

煙突

写真イ

炭火を
入れる
ところ

写真ウ

　あゆみさんは，写真ア ，写真イ のように，炭火アイロンの持ち手の前に，口の広い煙突
がついていることに気づきました。また，博物館の人が，写真ウ の○で囲まれた部分は，空気
を取り入れるための開閉できる窓であることを教えてくれました。何のために，窓を開閉すると
考えられるか，書きましょう。

5 あゆみさんは，博物館の中を案内してくれた石山さんに，お礼の手紙を送ることにしました。

雨が続き、じめじめした日が続いていますが、いかがお過ごしでしょうか。

先日、博物館を案内していただいた山形小学校の田中あゆみです。

この間は昔の道具コーナーを案内していただいてありがとうございました。昔の道具や生活について、ていねいに説明していただいたおかげで、明治時代の山形の様子を想像することができました。

これから、明治時代の生活についてもっとくわしく調べる予定ですので、また行ったときには、よろしくお願いします。

さようなら。

平成二十八年六月十九日

石山　広　様

(1) 右線部「行ったときには」を，敬語を使った適切な表現に書き直しましょう。

(2) お礼の手紙の空らん □ にあてはまる適切な文を書きましょう。

【作 文】 （四〇分） 〈満点：三五点〉

あなたがこれからの中学校生活を送るにあたって、どのように生活していきたいと思いますか。次の文章を読んで感じたことをふくめ、あとの条件にしたがって書きましょう。

みなさん、おそうじは好きですか？

——あまり好きじゃない——という人が多いかもしれませんね。

では、よごれたところは平気ですか？

……やっぱり、きれいなほうがいいですよね。

おそうじのことを、「清掃」と言いますが、その清掃のプロフェッショナルに、新津春子さんという人がいます。ビルクリーニング技能競技会という、清掃技術を競う全国大会で、日本一（労働大臣賞）に輝いた清掃のプロです。

新津春子さんは、東京国際空港（羽田空港）の清掃チーム五〇〇人を率いるリーダーのひとりです。羽田空港は、二年連続で「五つ星」の最高評価を得た空港で、清潔さの評価部門でも、世界一に選ばれてきました。そのかげには、清潔を保ち続ける清掃チームの存在がありました。

ちょっと想像してみてください。

——第一、第二、国際線の三つのターミナルをもつ羽田空港は、日本一広い空の玄関です。その中では、三万人もの従業員がいそが

しく働き、毎日二〇万人もの利用客をむかえます。二三万人が歩き、食事をし、トイレを使い、手を洗い、うがいをするのです。ときには、食べこぼしたお菓子のカケラが椅子をよごすでしょうし、紙ゴミがフロアに散乱するかもしれません——。

ところが、羽田には、いつも気もちのいい「きれい」が続いています。これは、清掃チームの努力のたまものと言えるのです。

春子さんは、『気づくこと』と『心をこめること』というふたつのことを、清掃のもっとも大切なことだと考えています。

『気づくこと』とは、どんなよごれがあるか、必要なことは何か、ということを、いち早く感じとる心です。

『心をこめる』とは、よごれに向き合うときの、心がまえのことです。使う人に対しても、その場所に対しても、よごれを落とす道具に対しても、やさしい気もちを忘れずに清掃する、ということなのです。

（若月としこ『新津春子。世界一のおそうじマイスター！』より）

【条件】
・文章全体を三段落または四段落で書くこと。
・四〇〇字以上五〇〇字以内で書くこと。

# 2016年度

# 県立東桜学館中学校入試問題

【適性検査】 （55分）　＜満点：100点＞

1　さくらさんの学級では，総合的な学習の時間に「身近な地域の環境問題」について学習しています。次は，さくらさんが見つけた記事の一部で，飛島でのボランティア活動を取り上げた内容です。あとの1～5の問いに答えましょう。

> 2015年（平成27年）5月11日（月曜日）
>
> ### 今年で15年目の「飛島クリーンアップ作戦」
>
> 　人口約230人が暮らす飛島（山形県酒田市）の海岸を清そうするイベント「飛島クリーンアップ作戦」が開さいされる。年に1度開さいされ，今年で15回目をむかえる。
>
> 　同イベントは平成　ア　年にスタート。島外から参加するボランティアと島の人が協力して，海岸にひょう着※1した空きかん，ガラス類，プラスチック，ビニール，漁具用のうきなどを拾い集める。島の人々の年れい層が上がる中，若者らの手を借りるため，島外からのボランティアをつのってきた。
>
> 　海岸を清そうするほか，参加者には島の人の手づくり弁当を配付。島内を観光する時間も用意されている。主さい※2団体のひとつ，合同会社「とびしま」の担当者は「砂浜が見えるようになるまで10年かかったが，ひょう着ごみがなくなったとき，『続けてきてよかった』と思った」と話している。
>
>
>
> （離島経済新聞ホームページをもとに作成）

　※1「ひょう着」…流れ着くこと。

　※2「主さい」…中心となって会や行事などを行うこと。

1　次の問いに答えましょう。

(1)　　ア　に入る数字を答えましょう。

(2)　なぜ島外からのボランティアを必要としているのでしょうか。記事の内容から説明しましょう。

2　さくらさんの学級では，グループに分かれて，さらに飛島について調べることにしました。ひろとさんのグループでは飛島の次のページの 地図 を調べ，分かったことをまとめることにしました。あとの問いに答えましょう。

地図　（※編集上の都合で90％に縮小してあります。）

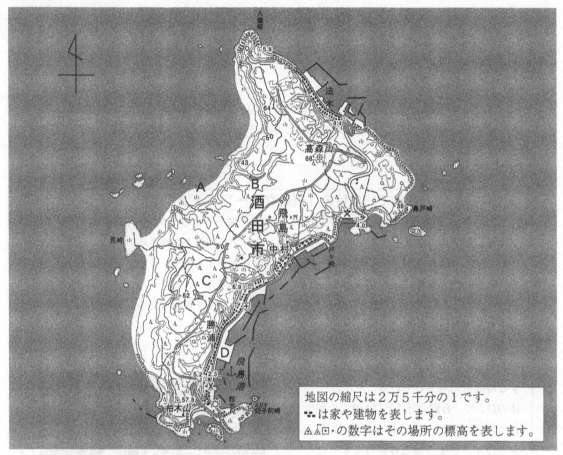

地図の縮尺は２万５千分の１です。
**∷**は家や建物を表します。
△⬛□・の数字はその場所の標高を表します。

（国土地理院　平成18年発行　２万５千分の１地形図「十里塚」をもとに作成）

(1) ひろとさんが，地図を見て気づいたことをまとめたところ，さとるさんからまちがいが２つあると言われました。下線部㋐〜㋒から**まちがっているもの**を２つ選び，記号で書きましょう。また，まちがっているところを正しく直しましょう。

<ひろとさんのまとめ>

○　家が集まっているところは，法木と中村，勝浦の３か所で，いずれも㋐海岸沿いにあります。

○　島で最も標高が高い場所は㋑高森山の頂上です。

○　島の西側の海岸沿いの土地は，森林や㋒あれ地になっています。

○　学校から見て柏木山は，八方位では㋓北東に位置しています。

○　勝浦には交番と診療所があります。交番と診療所のきょりは，地図の上では直線で2.6cmなので，実際のきょりは㋔260mです。

○　飛島港付近に㋕発電所があります。

(2) 取り上げた記事の「飛島クリーンアップ作戦」が行われた場所は，地図中のＡ〜Ｄのいず

れかにあたります。**A～D**から１つ選び，記号で書きましょう。

**3** みさこさんとよしおさんのグループでは，飛島の生き物について調べていたところ，生き物の
活動の様子について疑問（ぎもん）が出てきました。

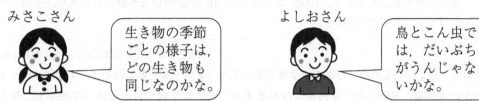

みさこさん　生き物の季節ごとの様子は，どの生き物も同じなのかな。

よしおさん　鳥とこん虫では，だいぶちがうんじゃないかな。

そこで，グループでは，ツバメとカマキリについて，季節ごとの様子を比べるために，次の
表にまとめました。

表

| | 春 | 夏 | 秋 | 冬 |
|---|---|---|---|---|
| ツバメの様子 | 巣を作り，たまごを産む。 | 子を育て，子が大きく成長する。 | 暖（あたた）かい南の方へ飛び立っていく。 | 巣に姿（すがた）が見られなくなる。 |
| カマキリの様子 | ① | ② | ③ | ④ |

(1) 表 の①～④に最もあてはまるカマキリの様子を，次の**ア～エ**からそれぞれ１つ選び，記号
で書きましょう。

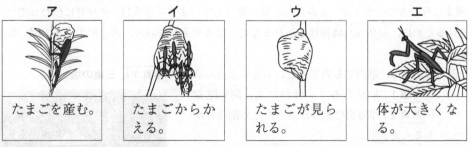

| **ア** | **イ** | **ウ** | **エ** |
|---|---|---|---|
| たまごを産む。 | たまごからかえる。 | たまごが見られる。 | 体が大きくなる。 |

(2) 表 の下線部について，寒い冬になると姿が見られなくなる生き物を１つあげ，その生き物
の冬の様子を書きましょう。
ただし，グループで調べたツバメとカマキリは除（のぞ）きます。

4　あすかさんのグループでは，飛島のひょう着ごみについて調べていたところ，次の 資料 を見つけました。

資料 飛島の海岸を調査して回収されたひょう着ごみの量

　飛島の海岸を調査すると，100m²あたり１年間に8.8kgのひょう着ごみがあり，そのうち40％がプラスチック類である。

（環境省によるモデル調査のデータをもとに作成）

　仮に，ひょう着ごみのプラスチック類がすべてペットボトルだとしたとき，１年間のペットボトルの本数は，100m²あたり何本になりますか。求め方を式や言葉を使って説明し，答えは四捨五入（ししゃごにゅう）して一の位までのがい数で求めましょう。

　ただし，ペットボトル１本の重さは30ｇとします。

5　学習のまとめとして，「きれいな海を守るために，わたしたちができる活動や取り組み」について学級で話し合いました。次は，その話し合いの一部です。

　司会の**さくら**さんと**さとる**さんは，どのようなところを工夫（くふう）して話し合いを進めているか，それぞれ説明しましょう。

ひろと：わたしは，海水浴のときに自分たちで出したごみは持ち帰りたいと思います。

よしお：ひろとさんの意見に賛成です。ごみを持ち帰るだけでなく，そのときに海岸のごみ拾いもすればいいと思います。

**さくら：今のところ出ている意見は，海に行ったときにごみを持ち帰ったり，ごみを拾ったりする「美化活動」についての意見です。ほかに意見はありませんか。**

あすか：川にあるごみは，海に流れ出ていくので，川もきれいにする必要があると思います。

みさこ：あすかさんの意見につけたします。川には空きかんなどの身のまわりのごみが落ちているので，「ポイ捨て」禁止のポスターを作ることもいいと思います。

**さとる：いくつか意見が出てきましたが，次に，わたしたちが今後取り組めることについて，「いつ」「どこで」「どのように」活動していくかを話し合いましょう。**

2　東京に住むかなえさんが，まみさんの家に遊び来ています。２人は，高畠町（たかはた）に伝わっているおどりを見るために，安久津八幡神社（あくつはちまん）を訪れ（おとず）ました。２人の会話を読み，あとの１～５の問いに答えましょう。

ま み：ここには，県内でもめずらしい木造の三重の塔（とう）
　　　　（ 写真１ ）があるよ。ほかにも，阿弥陀堂（あみだどう）
　　　　（ 写真２ ※写真に誤りがあったため削除）が
　　　　あるんだ。

かなえ：案内板には，この阿弥陀堂は江戸（えど）時代に建てか
　　　　えられたと書いてあるけれど，最初は，いつご
　　　　ろ建てられたのかな。

写真１ 三重の塔

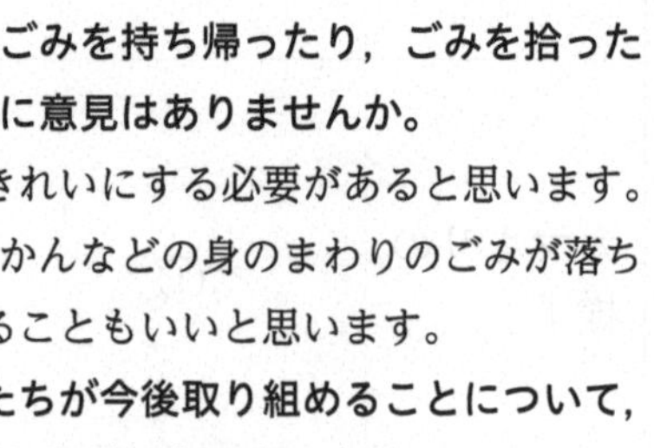

ま　み：おどりが始まりそうだから，あとで調べてみよう。

【おどりの鑑賞】

ま　み：このおどりは，「延年の舞」（ 写真3 ）というんだけど，㋐昔から伝わるおどりが今も大切に受けつがれているのよ。豊かな実りや平和なくらしを願っておどっているんだよ。

かなえ：おどりもそうだけど，この神社の㋑建物も地域の人に大事にされながら，守られてきたんだね。

ま　み：このあとは，おみやげを買いに物産館に行ってみよう。

写真2　阿弥陀堂

※写真に誤りがあったため削除。

写真3　延年の舞

1　写真2 が最初に建てられた時代と 写真4 が最初に建てられた時代は同じです。その時代はどんな時代でしたか。説明するために適切な言葉を，次から2つ選び，それらを使って説明しましょう。

＜言葉＞
足利氏　　　書院づくり　　蘭学
ご恩と奉公　藤原氏　　　　下剋上
かな文字　　富国強兵　　　豊臣氏

写真4　京都府にある阿弥陀堂

2　下線部㋐，㋑について，このような文化財を保存し受けついでいくためにどんな取り組みが必要でしょうか。㋐，㋑のどちらか1つのことについて，あなたの考えを書きましょう。

3　物産館に向かっていると， 写真5 のような曲がった川の一方の岸に， 写真6 のようなコンクリートのブロックが置かれているのを見つけました。

写真5

写真6

(1)　なぜ曲がった川の一方の岸だけにブロックが置かれているのでしょうか。流れる水の働きをふまえて，説明しましょう。

(2)　最近では，ブロックを置くだけでなく，自然の石を置いたり，ブロックの上に土をかぶせたりするなどの工夫がみられます。なぜこのような工夫をしているのか，説明しましょう。

4　2人は，かなえさんのお母さんからたのまれたおみやげを買うために，物産館を訪れました。
かなえさんは，お母さんにもらった メモ をもとに，おみやげを選んでいます。
商品の値段は 図 のとおりです。ほかに消費税が 8 ％かかります。
メモ にしたがって買い物をするとき，それぞれのおみやげの個数と，そのときのおつりの金額を求めましょう。

メモ

- 封筒（ふうとう）には 5000 円札が 1 枚だけ入っています。
- おみやげはハムのつめ合わせ，クッキー，ジャムにしてね。
- どの商品も少なくとも 1 つは買ってね。
- おつりが最も少なくなるように買ってきてね。

図

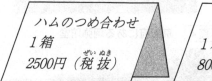

| ハムのつめ合わせ 1箱 2500円（税抜（ぜいぬき）） | クッキー 1箱 800円（税抜（ぜいぬき）） | ジャム 1個 500円（税抜（ぜいぬき）） |

5　物産館では，食料品がたくさん売られていました。後日，まみさんは，食料品工業について調べてみることにしました。次の 資料 はまみさんが作成している途中（とちゅう）のもので，□┄┄□ の部分がまだ完成していません。あとの問いに答えましょう。

資料　工場の大きさ※別にみた働く人と出荷額（わりあい）の割合（2012年）

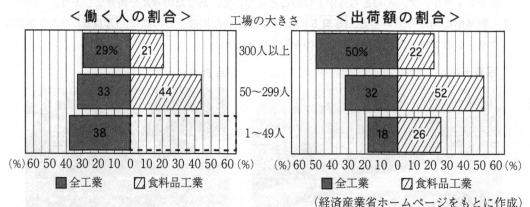

＜働く人の割合＞　　　工場の大きさ　　　＜出荷額の割合＞

300人以上　29% ／ 21　　50% ／ 22
50～299人　33 ／ 44　　32 ／ 52
1～49人　38　　18 ／ 26

(%)60 50 40 30 20 10 0 10 20 30 40 50 60(%)　　(%)60 50 40 30 20 10 0 10 20 30 40 50 60(%)

■全工業　☑食料品工業　　　■全工業　☑食料品工業

（経済産業省ホームページをもとに作成）

※工場の大きさは，働く人の人数で区別

(1)　食料品工業の 1 ～49人の工場で働く人の割合を示すグラフを完成させましょう。

(2)　次は，完成した 資料 から分かったことをまみさんがまとめたものです。 ① ～ ③ に入る言葉や文をそれぞれ書きましょう。

<まとめ＞

　工場の大きさ別に，働く人の割合と出荷額の割合について，全工業と食料品工業を比べてみると，

○　働く人の割合については，全工業では1～49人の工場が最も高く，食料品工業では
　　　　　　① 　　　　 の工場が最も高くなっています。

○　出荷額の割合については，
　　　　　　　　　　　　　　② 　　　　　　　　　　　　　　
　なっています。

　働く人の割合と出荷額の割合について，2つのグラフを関係づけると，

○　全工業については，働く人の割合は300人以上の工場が最も低いのに対して，出荷額の
　割合は最も高くなっています。

○　食料品工業については，
　　　　　　　　　　　　　　③ 　　　　　　　　　　　　　　
　なっています。

---

3　まもるさんは，冬休みに，お父さんと科学博物館に行きました。次の1～3の問いに答えましょう。

1　資料 は，まもるさんが，科学博物館の入り口で見つけた掲示板です。この掲示板は，2009年に開館して以来の累計入館者数※をグラフにしたものです。

　※「累計入館者数」…それぞれの年の入館者数を順々に加えて合計した人数。

資料

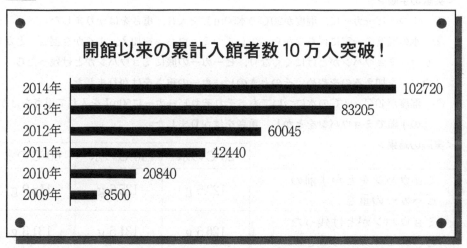

(1)　まもるさんは，資料 を見て，毎年の入館者数の変化を知りたくなりました。年ごとの入館者数の変化を表すグラフとして正しいものを，次のページのア～エから1つ選び，記号で書きましょう。

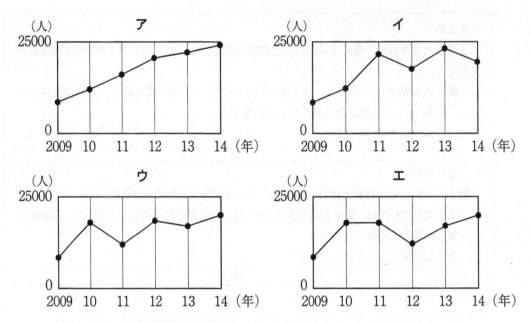

(2) 前年と比べて入館者数が最も増えたのは，何年ですか。その年を書きましょう。

2 まもるさんは，水の温度とミョウバンがとける重さの関係を調べる実験教室に参加しました。次は，**実験の手順**や**実験の結果**などをまとめたものです。

<実験に用いたもの>
・かわいたビーカー3個　　・電子てんびん　　・ガラス棒　　・温度計
・水の温度を保つためのヒーター
・温度が20℃，40℃，60℃の水　　・ミョウバン

<実験の手順>
① 1つのビーカーに，温度が20℃の水50mLを入れ，重さをはかりました。
② 水の温度を一定に保ちながら，少しずつミョウバンを加え，よくかき混ぜ，とかしました。ミョウバンがとけにくくなり，ビーカーの底にミョウバンがとけ残ったら，ミョウバンを加えるのをやめ，そのときのビーカーの重さをはかりました。
③ 温度が40℃，60℃の水についても，それぞれビーカーに50mLを入れて重さをはかり，②の手順でミョウバンをとかし，重さをはかりました。

<実験の結果>

| | 20℃の水 | 40℃の水 | 60℃の水 |
|---|---|---|---|
| ミョウバンをとかす前のビーカーの重さ | 123.5 g | 125.6 g | 118.9 g |
| ミョウバンがとけ残ったときのビーカーの重さ | 126.5 g | 131.5 g | 131.3 g |

実験が終わり，水の温度を保つことをやめてしばらくすると，ビーカーの底に，ミョウバンのつぶが，少しずつ増えてきました。

お父さん

このつぶは，規則正しい形をしているよね。これを結晶（けっしょう）というんだよ。どうして，増えてきたのか考えてみようか。

まもるさん

ミョウバンの結晶が増えてきたのは，水の温度が下がってきたからではないのかな。

(1)　まもるさんの予想をもとに，60℃の水にミョウバンをとかしたビーカーを静かに冷やし，20℃になったとき，何gのミョウバンの結晶が出てくると考えられるでしょうか，式と言葉で説明しましょう。

　　ただし，**実験の手順の**②，③で，とけ残ったミョウバンの重さは，20℃，40℃，60℃のとき，いずれもほぼ同じであるとします。

　　次に，まもるさんとお父さんは，館内に，食塩やミョウバンの結晶の模型（もけい）がかざられていることに気づきました。

お父さん

食塩の結晶の模型は立方体だね。ミョウバンの結晶の模型も，立方体のように，合同な面が組み合わされてできている立体で，1つの面は正三角形をしているね。

　　まもるさんは，ミョウバンの結晶について調べてみることにしました。図は，ミョウバンの結晶の立体の見取図（みとりず）です。次の問いに答えましょう。

図

(2)　次の表は，食塩とミョウバンの結晶のもつ立体的な特ちょうについてまとめたものです。空らん⑦〜㋖にあてはまる言葉や数をそれぞれ書きましょう。

表

| かざられていた模型 | 面の形 | 面の数 | 頂点（ちょうてん）の数 | 辺の数 |
|---|---|---|---|---|
| 食塩の結晶 | （　⑦　） | （　⑦　） | （　⑦　） | （　㋓　） |
| ミョウバンの結晶 | 正三角形 | （　㋔　） | （　㋕　） | （　㋖　） |

(3) まもるさんは完成した前のページの 表 を見て，合同な面がいくつか組み合わされてできて
いる立体の辺の数について，次の式で求めることができると考えました。

> <式> （1つの面の辺の数）× （面の数） ÷ （　Ⓐ　）

Ⓐにあてはまる数を答え，合同な面がいくつか組み合わされてできている立体の辺の数が，
なぜこの式で求められるのか，立方体を例にして説明しましょう。

3　科学博物館を出たのは日ぼつの直後で，まもるさんは空に光る満月を見つけました。

(1) まもるさんが満月を見つけたとき，月はどの位置に見えましたか。次の**月の位置**の文の２つ
の ［　］ の中から最もあてはまるものを，それぞれ１つ選び，文を完成させましょう。

> <月の位置>
> 　月は，[東，南，西，北] の空の [低い，高い] ところに見えた。

(2) まもるさんが科学博物館に出かけた日から，７日後に見ることのできる月の大まかな形を，
解答らんの点線の○を利用してかきましょう。

【作　文】　（四〇分）　〈満点：三五点〉

国語の授業で、読書のしかたについて、六年生が五年生にアドバイスをすることになりました。

グループに分かれて話し合いをしたところ、けんさんとまきさんは、それぞれ次のような考えを中心にして、アドバイスをしようと考えていました。

けんさん

ぼくは、たくさんの本を読むことが大切だと思うよ。

まきさん

わたしは、一冊の本をじっくり読むことが大切だと思うわ。

あなたなら、五年生に、どのような読書のしかたが大切だと伝えたいですか。次の条件にしたがって、あなたの意見を書きましょう。

[条件]

・あなたの意見の中心になる考えを、次のア～ウから一つ選び、選んだ記号を解答用紙の□の中に書くこと。

　　ア　けんさんの考え
　　イ　まきさんの考え
　　ウ　そのほかの考え

・第一段落の中で、意見の中心になる考えを述べ、文章全体を三段落

または四段落で書くこと。

・あなたの経験や見聞きしたことをふくめて書くこと。

・四〇〇字以上、五〇〇字以内で書くこと。

# MEMO

大切なことはメモしておこうネ！

# 解答用紙集

○月×日 △曜日　天気（合格日和）

◆ご利用のみなさまへ
＊解答用紙の公表を行っていない学校につきましては、弊社の責任において、解答用紙を制作いたしました。
＊編集上の理由により一部縮小掲載した解答用紙がございます。
＊編集上の理由により一部実物と異なる形式の解答用紙がございます。

人間の最も偉大な力とは、その一番の弱点を克服したところから生まれてくるものである。──カール・ヒルティ──

東京学参株式会社

◇適性検査◇

県立東桜学館中学校　2024年度

| 問題番号 | | 解答を記入するらん | | |
|---|---|---|---|---|
| 1 | (1) | | | |
| | (2) | | | |
| | (3) | | % | |
| 2 | | | | |
| 3 | (1) | A | B | |
| | (2) | | | |
| 4 | | A | B | |
| 5 | (1) | | | |
| | (2) | | | |

[1]

| 問題番号 | | 解答を記入するらん | | |
|---|---|---|---|---|
| 1 | (1) | | | |
| | (2) | 時速 | km | |
| 2 | (1) | A | B | |
| | (2) | | | |
| 3 | | | m | |
| 4 | | | | |
| 5 | (1) | | | |
| | (2) | | | |

[2]

| 問題番号 | | 解答を記入するらん | | | |
|---|---|---|---|---|---|
| 1 | (1) | A | B | C | D |
| | (2) | 1つ目の実験方法： | | | |
| | | 結果： | | | |
| | | 2つ目の実験方法： | | | |
| | | 結果： | | | |
| 2 | | 100円皿： 皿 | 200円皿： 皿 | | |
| 3 | | cm | | | |
| 4 | (1) | | | | |
| | (2) | cm² | | | |
| 5 | (1) | 枚 | | | |
| | (2) | | | | |

[3]

◇作文◇　　県立東桜学館中学校　2024年度

選んだ本の記号　□

# ◇適性検査◇

県立東桜学館中学校　2023年度

※ 182%に拡大していただくと、解答欄は実物大になります。

## 1

| 問題番号 | | 解答を記入するらん | | |
|---|---|---|---|---|
| 1 | (1) | | | |
| | (2) | 円 | | |
| | (3) | 円 | | |
| 2 | (1) | | | |
| | (2) | | | |
| | (3) | | | |
| 3 | (1) | | | |
| | (2) | ① | ② | ③ |
| 4 | | | | |

## 2

| 問題番号 | | 解答を記入するらん | | |
|---|---|---|---|---|
| 1 | (1) | | | |
| | (2) | | | |
| 2 | (1) | | | |
| | (2) | | | |
| 3 | (1) | A | | |
| | (2) | | | |
| 4 | | | | |
| 5 | | | | |

## 3

| 問題番号 | | 解答を記入するらん |
|---|---|---|
| 1 | (1) | |
| | (2) | |
| 2 | | cm² |
| 3 | (1) | |
| | (2) | 正しい式と答え |
| | | 理由 |
| 4 | (1) | |
| | (2) | |
| | (3) | 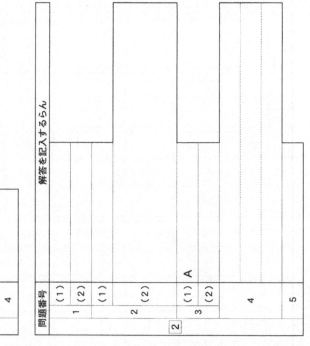 |

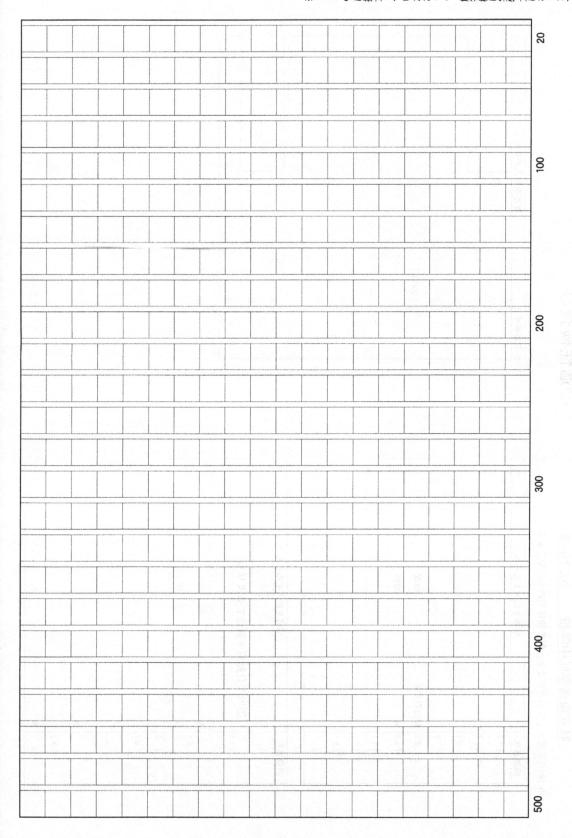

県立東桜学館中学校　2022年度

※ 185％に拡大していただくと、解答欄は実物大になります。

**問題 1**

| 問題番号 | | 解答を記入するらん | |
|---|---|---|---|
| 1 | (1) | | |
| | (2) | | |
| | (3) | | kg |
| 2 | (1) | 都道府県名 | 位置 |
| | (2) | A | 資料 |
| | (3) | | |
| 3 | (1) | | |
| | (2) | | |
| | (3) | | |
| 4 | | | |

**問題 2**

| 問題番号 | | 解答を記入するらん |
|---|---|---|
| 1 | (1) | 国内で自動車を製造するよりも、 |
| 2 | (1) | A　　　B |
| | (2) | C　　　D |
| 3 | (1) | |
| | (2) | ア　イ　ウ |
| 4 | (1) | |
| | (2) | A　　　B |
| 5 | | A　　　B |

**問題 3**

| 問題番号 | | 解答を記入するらん | |
|---|---|---|---|
| 1 | (1) | 時 | 分 |
| | (2) | | m |
| 2 | | ① | ② |
| | | ③ | |
| 3 | (1) | [求め方] | 答え　　　L |
| | (2) | A | |
| | | B | |
| 4 | | A | B |

J27-2022-1

選んだ文章の記号 ☐

20

100

200

300

400

500

# ◇適性検査◇

県立東桜学館中学校　2021年度

※185％に拡大していただくと、解答欄は実物大になります。

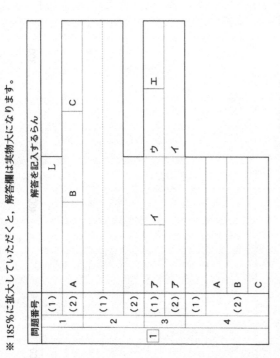

| 問題番号 | | 解答を記入するらん | | |
|---|---|---|---|---|
| 1 | (1) | | | |
| | (2) A | B | L | |
| 2 | (1) | | C | |
| | (2) | | | |
| 3 | (1) ア | イ | | |
| | (2) ア | イ | ウ | エ |
| 4 | (1) A | | | |
| | B | | | |
| | C | | | |
| | (2) | | | |

| 問題番号 | 解答を記入するらん | |
|---|---|---|
| 1 (1) A | | |
| (2) B | | |
| (3) | | |
| 2 (1) | と | |
| (2) | | |
| 3 (1) | | |
| (2) | | |
| 4 (1) | | |
| (2) | | |

| 問題番号 | 解答を記入するらん | |
|---|---|---|
| 1 (1) | | |
| (2) | | |
| 2 (1) | | |
| (2) | | |
| 3 | cm² | |
| 4 (1) | | |
| (2) | | |

選んだ約束の記号 □

（400字詰原稿用紙・20字×25行のマス目の解答欄）

# ◇適性検査◇

県立東桜学館中学校　2020年度

※189％に拡大していただくと、解答欄は実物大になります。

## 1

| 問題番号 | 解答を記入するらん | | | |
|---|---|---|---|---|
| 1 | (1) A | B | C | D |
| | (2) | | | |
| | (3) | | | |
| 2 | (1) オス | メス | | |
| | (2) 記号 | | | |
| | (3) 理由 | | | |
| 3 | ① | ② | ③ | |
| 4 | | | | |

## 2

| 問題番号 | 解答を記入するらん | | | |
|---|---|---|---|---|
| 1 | (1) 絵はがき1枚 | クッキー1箱 | | |
| | (2) | | | |
| 2 | (1) | | | |
| | (2) A | | | |
| | (2) B | | | |
| | 地図 | | | |
| | (3) | | | |
| 3 | A | B | C | D |
| 4 | | | | |

## 3

| 問題番号 | 解答を記入するらん |
|---|---|
| 1 | |
| 2 | (1) |
| | (2) |
| 3 | ア　イ |
| 4 | (1) |
| | (2) |
| | (3) |

◇適性検査◇

県立東桜学館中学校　2019年度

※ この解答用紙は181％に拡大していただくと、実物大になります。

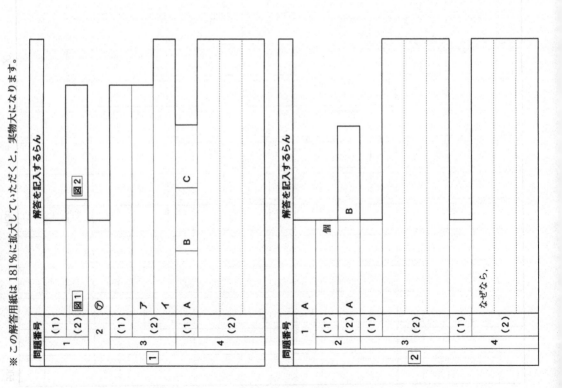

**3**

| 問題番号 | | 解答を記入するらん |
|---|---|---|
| 1 | (1) | |
| 1 | (2) | |
| 2 | (1) | |
| 2 | (2) | |
| 2 | (3) | |
| 3 | (1) | （　　）の若石が、（　　）個多い。 |
| 3 | (2) | （　　）の若石が、（　　）個多い。 |
| 4 | | |

**1**

| 問題番号 | | 解答を記入するらん |
|---|---|---|
| 1 | (1) | |
| 1 | (2) | 図1 |
| 2 | | ㋐ |
| 3 | (1) | |
| 3 | (2) | ア |
| | | イ |
| 4 | (1) | A　B　C |
| 4 | (2) | |

（図2）

**2**

| 問題番号 | | 解答を記入するらん |
|---|---|---|
| 1 | | A |
| 2 | (1) | 個 |
| 2 | (2) | A　B |
| 3 | (1) | |
| 3 | (2) | |
| 4 | (1) | |
| 4 | (2) | なぜなら、 |

選んだことわざの記号　[　　]

20
100
200
300
400
500

100

# ◇適性検査◇

県立東桜学館中学校　2018年度

※ この解答用紙は187%に拡大していただくと、実物大になります。

100

**検査問題 1**

| 検査問題の番号 | | 解答を記入するらん |
|---|---|---|
| 1 | (1) | ① |
| | (2) | ②～④にあてはまる言葉の組み合わせ　→　→　→ |
| 2 | (1) | 水田の　　する作業 |
| | (2) | ⑦　　　　位 |
| 3 | (1) | A　　B<br>C　　D |
| | (2) | ①　　② |
| 4 | (1) | 阿部亀治が生きていたころの人物（　　）、（　　） |
| | (2) | 選んだ人物（　　） |

**検査問題 2**

| 検査問題の番号 | | 解答を記入するらん |
|---|---|---|
| 1 | (1) | |
| | (2) | 班の点数が最も高いルート（　　）　点多い |
| 2 | (1) | cm² |
| | (2) | ①　②　③　④ |
| 3 | (1) | 秒後 |
| | (2) | |
| | (3) | |

**検査問題 3**

| 検査問題の番号 | | 解答を記入するらん |
|---|---|---|
| 1 | (1) | 買うパック |
| | (2) | 金額　　円 |
| 2 | (1) | 支点　力点　作用点<br>支点から |
| | (2) | 支点から |
| 3 | (1) | ① |
| | (2) | ② |
| | (3) | |

# 東京学参の
# 中学校別入試過去問題シリーズ

＊出版校は一部変更することがあります。一覧にない学校はお問い合わせください。

公立中高一貫校「適性検査対策」問題集シリーズ

総合編　作文問題編　資料問題編　数と図形編　生活と科学編　実力確認テスト編

私立中・高スクールガイド

ザ 私立

私立中学&高校の学校生活がわかる!

## 東京学参の
# 高校別入試過去問題シリーズ

*出版校は一部変更することがあります。一覧にない学校はお問い合わせください。

### 高校入試特訓問題集
### シリーズ

●英語長文難関攻略33選(改訂版)
●英語長文テーマ別難関攻略30選
●英文法難関攻略20選
●英語難関徹底攻略33選
●古文完全攻略63選(改訂版)
●国語融合問題完全攻略30選
●国語長文難関徹底攻略30選
●国語知識問題完全攻略13選
●数学の図形と関数・グラフの
　融合問題完全攻略272選
●数学難関徹底攻略700選
●数学の難問80選
●数学　思考力―規則性と
　データの分析と活用―

2404A

〈ダウンロードコンテンツについて〉

　本問題集のダウンロードコンテンツ、弊社ホームページで配信しております。現在ご利用いた
だけるのは「2025年度受験用」に対応したもので、**2025年3月末日**までダウンロード可能です。弊
社ホームページにアクセスの上、ご利用ください。

※配信期間が終了いたしますと、ご利用いただけませんのでご了承ください。

中学別入試過去問題シリーズ

## 県立東桜学館・致道館中学校　2025年度

ISBN978-4-8141-3129-7

[発行所] 東京学参株式会社
　　　　〒153-0043　東京都目黒区東山2-6-4

書籍の内容についてのお問い合わせは右のQRコードから　⇒　

※書籍の内容についてのお電話でのお問い合わせ、本書の内容を超えたご質問には対応
　できませんのでご了承ください。

2024年7月18日　初版